W0030140

Robert Schneider
Buch ohne Bedeutung

Robert Schneider

Buch ohne Bedeutung

WALLSTEIN VERLAG

Bibliografische Information der Deutschen Nationalbibliothek
Die Deutsche Nationalbibliothek verzeichnet diese Publikation in der Deutschen Nationalbibliografie; detaillierte bibliografische Daten sind im Internet über http://dnb.d-nb.de abrufbar.

Zweite Auflage

www.wallstein-verlag.de
Vom Verlag gesetzt aus der Stempel Garamond
Umschlaggestaltung: Marion Wiebel, Wallstein Verlag,
Foto: Ursula Dünser
Druck und Verarbeitung: Pustet, Regensburg
ISBN 978-3-8353-5195-0

Den Brüdern
Blättert darin oder auch nicht

Ich, Verschwender

Seit vierzig Jahren stehe ich am offenen Fenster und blicke auf den dunklen, bewaldeten Berggrat, dahinter sich der blaue Schnee der Churfirsten bis weit in den Hochsommer hält. Ich liebe es, am offenen Fenster zu stehen und meinem Leben zuzusehen, wie es verrinnt.

»Beeile dich zu leben!«, drängt meine Frau. »Die Tage sind schneller geworden. Die Abende leerer.«

»So brandrot habe ich die Sonne noch nie hinter den Bergen vergehen sehen, Liebste. Der Schnee flammte eine Zeitlang auf«, antworte ich.

Mein alter Freund, ein weltläufiger Mann mit Einfluss und Geld für Generationen, ruft an. Am Ende steht wieder die Sorge um mein Fortkommen. »Du hast eine Familie. Was hinterlässt du deinen Kindern?«

»Ein gelungenes Jahrzehnt vielleicht, das mir bleibt«, sage ich, und: »Seit vierzig Jahren, Arthur, stehe ich am Fenster, meine, jeden Stein zu kennen, und entdecke, dass der Trampelpfad zu den Wiesen meiner Kindheit von Norden her viel kürzer ist. Ich Narr bin immer von Süden gekommen!«

Ich treffe Frau Hartung, meine Verlegerin, die mir ins Gewissen redet. »Ich fürchte, du bist bald vergessen. Warum bringst du dich nicht in Erinnerung? Ein Schriftsteller schreibt. Jeden Tag ein Satz.«

»Es ist keine Schande, Frau Hartung, vergessen zu sein. Sehen Sie den zerstäubenden Regenbogen über unseren Köpfen?«

Mein kleiner Sohn zieht auf dem Asphalt mit blauer Kreide einen Strich von hier bis nach Paris. Ich assistiere.

»Was wird das?«, fragt unser Herr Bautsch vom Nachbarhaus.

»Ein Strich von hier bis nach Paris«, antworten wir.

Er reibt sich die Nase und schließt das Fenster.

Seit vierzig Jahren vergeude ich meine Zeit. Ich erinnere mich gut. Als junger Mann, da die Zeit noch vor mir lag, fehlte sie mir. Nie wurde ich richtig fertig. Nie fing ich richtig an. Heute habe ich sie im Überfluss. Ich muss nicht mehr anfangen und auch nicht mehr fertig werden.

Am Nachmittag fällt Regen. Gegen Abend reißen die Wolken auf. Ich stehe am Fenster, und über den Waldrücken strömt für die Dauer einiger Augenblicke ein Heugelb herab, das ich so noch nie gesehen habe.

Die Wahl

Wang Xizhi war der berühmteste Schönschreiber der Westlichen Jin-Dynastie. Wie sehr seine Kunst verehrt wurde, erhellt die Anordnung, dass der Kaiser mit einer Kalligrafie des Meisters begraben werden wollte. Xizhi war Beamter, wurde aber von seinem Vorgesetzten beharrlich gekränkt, indem dieser statt der Viertelrumpfbeuge bloß mit einer Fünftelverbeugung Ehrerbietung bezeugte, weshalb Xizhi ernstlich erkrankte, aus dem Amt schied und sich nunmehr der Kunst hingab.

Er besaß eine Lehmhütte am Unterlauf des Gelben Flusses, wohin er sich mit seinen Schülern zwecks Unterweisung in Schönschrift zurückzog. *Jeder waagrechte Strich ist ein Wolkenhaufen in Schlachtformation*, pflegte er zu lehren, *jeder Bogen ein Weingerank von hohem Alter.*

An einem Sommerabend saß er mit seinem Lieblingsschüler Su Heng in der Hütte, vor sich ausgebreitet Schreibpinsel, Blocktusche, Reibstein und Reispapier. »Mein guter Su Heng«, sprach Xizhi, »ich kann dich gar nichts mehr lehren. Darum lass uns heute einen Wettstreit wagen. Wer bis zur Stunde des Ebers das schönste und makelloseste Gedicht niederlegt, soll der Meister sein.«

Su Heng willigte ein, nicht ohne sich vorher aufs Erbärmlichste herabzuwürdigen. Dann nahm jeder in einer anderen Ecke der Hütte Platz. Als der Schüler die Tusche anreiben wollte, krabbelten ihm Ameisen die Beine hoch und ärgerten ihn sehr. Im Nachbarhaus hörte er Kinderlachen, was die Konzentration empfindlich störte, weshalb er aus der Hütte lief, dem Geschrei Einhalt zu gebieten.

Wieder zurück, die erste Gedichtzeile im Kopf, störte ihn der Wind in den Zweigen des Akazienbaums, worauf er sich die Ohren mit Wachs verschloss. So folgte ein Verdruss auf den anderen. Die festgesetzte Stunde brach an, und Su Heng hatte nicht ein Zeichen auf das Papier gesetzt.

»So will ich dir meine Verse vortragen«, sagte Wang Xizhi und schmunzelte.

Sein Gedicht besang die nützlichen Lebewesen, die das Erdreich von Aas reinigen, den Frohsinn der Kinder, die das Herz beglücken, das Summen des Windes in den Akazienzweigen, das den Worten Musik verleiht …

Süß und sauer

Landete eine Zitrone im Staudenbeet und wurde ohnmächtig. »Nicht gerade appetitlich für unsereins«, entrüstete sich eine überreife Erdbeere gegenüber ihrer noch grünen Nachbarin. »Pass auf, wenn sie gleich zu sich kommt, wird sie zu jammern anfangen, wie sehr sie sich doch wünschte, eine Erdbeere zu sein und keine Zitrone.«

»Es ist ein Gesetz. Die Natur ist unzufrieden mit sich und wird es immer bleiben«, äußerte die Unreife. »Dabei ist das Leben so süß.«

»Ganz meine Meinung«, antwortete die Überreife. »Die Kunst im Leben besteht darin, sich mit dem abzufinden, was man nun mal ist.«

»Gescheiter hättest du es nicht sagen können, meine Freundin. Sehe ich da einen Altersfleck?«

Die Überreife erschrak und suchte den Makel hinter einem Fruchtblatt zu verbergen. »Eine winzige Delle, nichts Schlimmes.«

»Wurmstich? Schneckenfraß?«

»Hab mich angestoßen, gestern Nacht im Sturm.«

»Schimmelbefall?«

»Werde du erst mal erwachsen und geh durch die Höllen der Staunässe und des Wurmbefalls! Du gedeihst auch nicht gerade prächtig, wenn ich das bemerken darf. Wie du am Strauch hängst, so jung und schon verwachsen. Eine Erdbeere sieht für mein Empfinden anders aus.«

»Ich wäre kerngesund, wenn die Gärtnerin nicht zu faul wäre, mich zurückzuschneiden und zu düngen.«

»Freilich. Schuld sind immer die Menschen …«

So gab eine Kränkung die andere, bis die Zitrone von der Keiferei erwachte. »Uff, mir brummt der Schädel.«

Die Erdbeeren schwiegen augenblicklich.

»Was glotzt ihr mich so an?«

»Wir sind überrascht von Ihrer Gesellschaft«, erwiderte die Überreife.

»Um nicht zu sagen irritiert«, ergänzte die Unreife.

»Ich wurde ausgequetscht und flog aus dem Küchenfenster. Mehr weiß ich nicht.«

»Jetzt wären Sie gern eine Erdbeere, süß und saftig, nicht wahr? Sie malen sich vielleicht aus, wie herrlich es wäre, mit Schlagsahne in einem Kindermund zu verschwinden«, produzierte sich die Überreife.

»Das nicht. Ich bin stolz darauf, eine Zitrone zu sein. Das Leben war sauer. Das Leben war schön. Mich ärgert nur, dass ich nicht bis zum letzten Tropfen ausgekostet wurde.

Elíns Himmel

An der Ecke Rivington und Suffolk Street hauste ein obdachloser Mann auf dem Belüftungsgitter eines U-Bahnschachts. Die er anbettelte, begrüßte er stets mit den Worten: »Wie geht's? Ich habe den Himmel gefunden. Wollen Sie ihn sehen, Ma'am, Sir?« Die meisten runzelten die Stirn oder grinsten, weil sie die Anmache originell fanden – eine gute Show ist alles –, gaben ein paar Münzen und hetzten weiter, wie es sich für Manhattan schickt.

Er hieß Elín – sein Alter ließ sich schwer schätzen –, war von puerto-ricanischer Herkunft, groß, schlank, hatte graues, verfilztes Haar. In seiner Jugend soll er ein hoffnungsvoller Basketballspieler in Upstate New York gewesen sein. Den als liberal geltenden Anwohnern des Viertels war es mehrmals gelungen, ihn zu vertreiben, weil sich viele vor seinem Gestank ekelten oder davor, wie er die weggeworfenen To-Go-Becher aus dem Müll zog und sie ausleckte. Dennoch kehrte Elín stur an den Ort zurück, wo er den Himmel gefunden hatte.

Einmal schlenderte ein pubertierender Junge an ihm vorbei, flüsterte, damit es keiner hörte, dass man so ein Stück Scheiße einfach abknallen sollte, und spuckte zu Boden. Elín, der gelernt hatte, Kränkungen zu überhören, sprach den Jungen an, obwohl er aus Prinzip nie Kinder ansprach. »Sir, ich habe den Himmel gefunden. Wollen Sie ihn sehen?«

Der Rotzlöffel blieb stehen, zog die gelbe Kapuze über den Kopf und fragte: »Was laberst du da?«

Elín deutete mit dem Zeigefinger auf das Gitter des U-Bahnschachts. »Hilf mir, das hochzuheben.«

In einer Mischung aus Verblüffung und Neugierde half der Junge, das Gitter aus der Verankerung zu wuchten und wegzuschieben.

»Ich steige zuerst hinunter«, sagte der Obdachlose. »Dann du.«

Der Junge blickte in den Schacht, sah lediglich eine große Wasserlache. Elín kletterte die Leiter hinab. Der Junge folgte. Sie standen in der Wasserpfütze.

»Wo ist jetzt der Himmel?«, fragte der Junge.

»Du musst dich nach vorne beugen, damit du ihn sehen kannst.«

Der Junge bückte sich, sah die Spiegelung seines Gesichts, dahinter die Wolken über der Rivington Street.

Das Antlitz

In Flandern lebte ein Schilder. Er und seine fünf Söhne malten Tafelbilder, die so begehrt waren, dass sogar der Herzog von Mailand zu ihren Auftraggebern zählte. Darum gab es in der Werkstatt viel zu tun. Oft brannten die Talglichter bis zum Morgen.

Der jüngste Sohn hieß Lieven, war ein zarter Mensch, aber eine Trödeltasche, weshalb ihn die Brüder hänselten. Wenn sie zum Ufer der Schelde gingen, Rebhühner zu schießen, warteten sie nicht, bis er endlich die Stiefel übergezogen hatte, ließen ihn sitzen, weshalb er in Tränen ausbrach.

»Weine nicht«, tröstete die Mutter. »Auch die Langsamen kommen an.«

»Aus dem wird nichts«, murrte der Vater. »Der taugt nur zum Farbenreiben.«

Und so kam es. Während die Brüder mit Lapislazuli und Purpur arbeiten durften, musste er am Reibstein sitzen. Dabei hatte er ein Bild im Herzen, dazu selbst die kostbarsten Farben und feinsten Pinsel in der Werkstatt nicht getaugt hätten.

Lieven wuchs heran und lernte Merel kennen, die Tochter des Schusters, die er nicht mehr vergessen konnte. Wenn er am Ufer der Schelde lag und der Wind nicht gerade den Gestank der Färber herübertrug, träumte er davon, dieses Mädchen zu zeichnen. Es war jener Mensch, den er immer in sich getragen hatte, davon war er überzeugt.

Er begann, ein handtellergroßes Portrait von Merel zu schaffen, das in nie gesehener Genauigkeit Gottes Geheimnis abbilden sollte. Der Pinsel bestand aus einem einzigen Hermelinhaar. Obwohl Merel geduldig Modell saß, wurde das Bild nicht fertig. Lieven war unzufrieden, weil jede Regung, jeder Atemzug und Wimpernschlag ein neues Antlitz zeigte. Also übermalte er das Bildnis wieder und wieder.

Ein Unglück geschah. Merel ertrank beim Baden. Lieven weinte wie damals, als die Brüder ohne ihn weggegangen waren. Er lief zu Merels Vater und bat, ein Totenbildnis zeichnen zu dürfen. In jener Nacht gelang das Werk, und es schien Lieven, als habe er Gottes Geheimnis erfasst. Am anderen Morgen zeigte er dem gebrochenen Vater das Portrait. Der betrachtete es lange und sagte: »Beim besten Willen, aber ich sehe nichts.«

Taglied

Ein Menschenleben, mehr will ich nicht. Das wäre die Zeit, wieder von vorn zu beginnen. Ernüchtert von allen Mädchenträumen, die Mutproben unter Jungen sämtlich verloren. Zu Ende gehofft an dem, was nicht zu ändern war und heiter geworden im fortwährend Unerfüllten.

Liebe ist, was nach Abzug der Irrtümer bleibt.

Du sagst, *es sind zwei große Wasser zwischen dir und mir*. Ein Mal gemeint sein und meinen. Gleichlaufend, im selben Augenblick. Dich habe ich erwartet. Ohne Eifer. Du mich. Alles ist Hingabe, sagst du. Könntest vergehen und ruhen dann.

Ich war da. Just in time. Blieb jenseits der Wasser. Unser Tagwerk ist nicht Einswerden.

Nein, aber Wille, die Wasser zu hemmen.

Wann wurde aus Wille je Wirklichkeit? Nur im Verzichtbaren. Alles Wollen schwächt. Das Große ist umsonst.

Ein Menschenleben, mehr will ich nicht. Das wäre die Zeit, wieder neu zu fehlen. Alle Bestrafung hochmütig gewärtigen, nicht Gnade erbetteln. Winkelzüge der Milderung. Seraph sein, der nicht an Menschen glaubt, und den, der immer zur Rechten saß, lossprechen von den Sünden der Gerechtigkeit.

Liebe ist, dass nichts von mir bleibt.

Sagst, auf den Feldern der sieglosen Eroberung brennt noch immer dein *Herzlicht*. Ein Mal gleichzeitig lieben! Ein Mal Gegenwart! Wie oft bin ich zu dir gekommen im Schnee, der roch nach frischem Heu. Da das Eis trug. Und erschrak.

Gewissheit ist Einbrechen im Unwägbaren.

Ich ging dir nicht entgegen. *Earth in forgetful snow.* Blieb bei den raubereiften Weiden. Mich wärmte die Kindheit. Wer umfing dich?

Du hast mich gehalten in der Engführung eines langsam verdämmernden E-Dur.

Dein Werk ist die Nacht, da die vertrauten Gespenster hochwandern an Wänden, die keine sind.

Alle Angst ist Verbrechen.

Ein Menschenleben, mehr will ich nicht. Das wäre die Zeit, wieder bedürftig zu sein. Ausgesetzt den Händen der Mutter. Bilder des Zufalls hortend für ein Museum der Erinnerung, das nur mich eintreten lässt. Wörter für Bibliotheken des Vergangenen ohne Archivar.

Dass doch *die Wasser* versiegen *zwischen dir und mir.*

Liebe ist, was vom Unvermögen bleibt.

Der Brillant

Ein Stein von betörendem Feuer aber geringem Karat ging verloren. Er hatte in der zierlichen Krabbe eines Verlobungsrings aus Weißgold gehaust, umgeben von zwei Geschwisterbrillanten. Bei Sonnenuntergang hatte die Verlobte ihr langes Haar am blassroten Strand von Elafonisi getrocknet, worauf ein Steg der Krabbe sich im Badetuch verhakt hatte und gebrochen war. Raufende Kinder hatten ihn mit ihren weißen Fußsohlen noch tiefer in den Sand gedrückt. Unmöglich, den Stein jemals wiederzufinden.

Das grämte den kleinen Brillanten, als er so da lag, die Nacht über sich, die Schwärze unter sich, noch dazu in Gesellschaft von Dosenverschlüssen und den Vergesslichkeiten des Touristenstrands. War er doch die Erinnerung an das verschwiegenste Geheimnis seiner Besitzerin gewesen. »Jetzt wird sie den Ring in die Schublade legen und nicht mehr an ihr Geheimnis denken«, seufzte er. Der Stein zerknirschte sich so sehr, dass er sich zurückwünschte in die zeit- und endlose Tiefe, als er noch nicht gespalten war.

Auf der Veranda, bei Weißwein und Dakos, bemerkte die Verlobte, dass ein Stein fehlte. »Den kann ich nicht mehr tragen!«, rief sie und streifte den Ring vom Finger. Der Verlobte schwor, nach dem Urlaub den Juwelier aufzusuchen. Sie lachten wie die Kinder, liebten sich nächtens, da ein heftiger Sturm aufkam.

Anderntags bestiegen sie die Maschine. Der Ring landete in der Schublade für Krimskrams. Dem Verlobten wuchs die Arbeit über den Kopf, denn er war jung und wollte mehr. Der Juwelier musste warten. Die Verlobte auch. Ein

Streit wegen Nichtigkeiten, und das gehütete Geheimnis offenbarte sich.

In der Sturmnacht am kretischen Strand aber hatte der Wind den Sand verwirbelt und den kleinen Brillanten an die Promenade gefegt, wo er in der Morgensonne brannte. Ein kleines Mädchen hob ihn auf, verleibte ihn der Sammlung von allerlei Glasscherben ein. Der Stein war entsetzt, in der Schachtel von lauter Wertlosigkeiten zu liegen. Als er sich doch in sein neues Leben schickte, fand er plötzlich Gefallen daran, niemandes Erinnerung mehr sein zu müssen.

Größe

Am südlichen Ende des Central Park, Höhe 7th Avenue, in der Nähe einer schlichten Steinbrücke, steht eine Blutbuchengruppe von imposanten Ausmaßen, die ein Zuwanderer aus Sondershausen in den zwanziger Jahren dort gepflanzt haben soll. Auf einem quadratischen und kaum mehr lesbaren Messingschild ist ein rätselhafter Satz eingraviert: *Das Große ist nur des Kleinen Tiefe.*

Hinter der Baumgruppe mit ihren ausladenden Armen, deren abendrotfeuriges Blätterkleid im Frühling die Flanierenden versöhnt, im Sommer, wenn die Blätter vergrünen, Schatten spendet, in deren Falllaub Igel und Spitzmäuse überwintern, dahinter also steht eine noch höhere Baumgruppe. Fünf Douglasien mit Wipfeln, welche die Blutbuchen weit überragen.

Wenn man unter dem *Dipway Arch* – so heißt die kleine Steinbrücke – hindurchgeht und dann unvermittelt vor dem Baumensemble steht, fallen einem merkwürdigerweise zuerst die turmhohen Spitzen der Douglasien ins Auge, nicht etwa die mächtigen Blutbuchen.

Es ist vielleicht zehn Jahre her, da spendierte ein chinesischer Telekomriese den New Yorkern einen ›Sichuan-Lebensbaum‹, eine äußerst seltene Koniferenart, die als ausgestorben galt und zufällig in einem unzugänglichen Gelände der Provinz Sichuan wiederentdeckt worden war. Bei einem Festakt – das Logo des Telekomriesen verdeckte den halben Prospekt der Blutbuchen – pflanzten zwei chinesische Gärtner und zwei von den *NYC Parks* die Kostbarkeit in gebührendem Abstand zu dem großen

Baumensemble auf den Rasen, wobei Erde vom Fundort Chengkou Xian verwendet wurde. Das etwa zwei Meter hohe Gewächs, mehr Strauch als Baum, sollte zwanzig Meter hoch werden.

Spazierte man jetzt unter der einfachen Steinbrücke hindurch, sprang einem nicht zuerst der ampelgrün leuchtende Lebensbaum in die Augen, sondern das Buchenkleid. Die Zypresse konnte sich recken, wie sie wollte, flimmern und schillern, man bestaunte das Abendrotfeuer der Buchen. Bis das Bäumchen eines Tages ohne Fremdeinwirkung verdorrte. Über Nacht.

Nun sind es – seltsam – wieder die Wipfel der Douglasien, die man zuerst wahrnimmt.

Vom Reichtum

Ein wohlhabender Junge wohnte in einem weiten Haus mit einem prächtigen Garten, der von uralten Nussbäumen umstellt war. Das Haus lag an einem Abhang in der feinsten Gegend der Stadt. Das Kind hatte, was sich ein Kind nur wünschen konnte, weil Mutter und Vater alle Zeit und Liebe, die sie aufbrachten, an es verschwendeten. Die Leute wunderten sich, dass ein so verwöhnter Bengel, der mit Spielsachen überhäuft wurde, ein so ausgeglichenes Wesen hatte, denn sie glaubten, dass ein Mensch, der keine Entbehrung kennt, auch kein wertvolles Glied der Gesellschaft sein könne.

»Das Nein ist das wichtigste Wort im Leben. Die werden noch sehen, wie weit sie mit ihrer Erziehung kommen«, redeten die Leute in der Stadt. »Ein leerer Mensch wird aus ihm werden, der alles hatte und doch nur unglücklich war. Auf die schiefe Bahn wird er kommen oder noch schlimmer.«

Der Junge wuchs heran. Er hatte viele Freunde. Die meisten suchten seine Nähe, weil sie sich einen Vorteil davon erhofften. Einen Freund hatte er aber, dem das egal war. Er liebte seinen Klassenkameraden, weil man mit ihm so von Herzen froh sein konnte. Wenn er mit ihm spielte, waren die Sorgen wie weggeblasen. Denn sein eigenes Leben war von Ängsten durchzogen, von einer unsicheren Zukunft, von Entbehrungen und vom wichtigsten Wort, dem fortwährenden Nein.

Eines Tages fragte der reiche Junge den armen: »Wie ist es, arm zu sein? Ich würde einmal gern mit dir tauschen.«

Es kam, dass der Wunsch schneller in Erfüllung ging als gedacht. Im weiten Haus mit dem Garten wurden übers Jahr die Lüster und Gardinen abgehängt. Möbelpacker reichten einander die Klinke. Blau beanzugte Männer mit reglosen Mienen taxierten das Grundstück. Am Ende mussten sogar die Nussbäume weichen.

Die beiden Freunde, die jetzt erwachsen waren, verloren sich jedoch nicht aus den Augen.

»Nun weiß ich, wie es ist, arm zu sein«, sagte der ehemals reiche Junge. »Ich sehe aber keinen Unterschied.«

Der arme Junge, der auch ein armer Mann geblieben war, antwortete: »Wie sind doch die Sorgen weggeblasen, wenn wir beisammen sind!«

Das immerblühende Ahornblatt

In der Lichtung eines Mischwaldes wuchsen zwei Bäume heran, ein Ahorn und eine Fichte. Der Föhnsturm hatte ihre Samen dahin verfrachtet, und seitdem wuchs das ungleiche Paar nebeneinander auf und gedieh.

»Ach, ist es eine Freude, nie zu verwelken!«, raunte die Fichte, streckte ihre kurzen, waagrechten Äste in den Spätsommertag hinaus.

»Dir ist wieder nach Stänkern«, wisperte der Ahorn. Seine Blätter zitterten wie Kinderhände in der Mittagsluft.

»Überhaupt nicht! Bloß: in deiner Rinde möchte ich nicht stecken«, entgegnete die Fichte. »Noch ein paar Wochen, und deine Blätter werden welk.«

»Jeder Baum muss sterben. Auch du«, antwortete der Ahorn. Das spitze, giftgrüne Nadelkleid der Fichte machte ihn traurig. Nein, er wollte nicht verblühen, das nicht.

Es kam der Herbst mit seiner Verdrießlichkeit. Ein Liebespaar wanderte in die Lichtung, verweilte unter dem Ahorn und redete viel. Vom Wunder, einander begegnet zu sein, von den Plänen einer glückenden Zukunft.

Der Ahornbaum schämte sich, so nackt zu sein, ließ dennoch ein letztes, goldenes Blatt auf die Schulter des Mädchens sinken.

»Wie schön ist dieses Blatt!«, rief der Geliebte. »Die feine Nervung, die vollendete Zahnung. Ich nehme es mit als Erinnerung an diese Stunde.« Er verwahrte das Blatt an seiner Brust.

»Siehst du! Von dir bleibt nur Erinnerung, wie das Menschenwesen gesagt hat. Ich aber grüne immer«, knarzte die

Fichte eifersüchtig, weil sich das Paar nicht an ihren Stamm gelehnt hatte.

Schnee fiel. Traktorengeknatter erfüllte den Wald. »He, das ist ein Christbaum! Schön gewachsen!«, rief ein Holzfäller. Er setzte die Säge an. Die Fichte fiel.

Im Liebeskummer, der kam auf Epiphanie, nahm der Geliebte das Ahornblatt, betrachtete die feine Nervung, dachte mit Wehmut daran, dem Mädchen begegnet zu sein, an die Zukunft, die sich nicht erfüllen sollte. »Aber für mich wirst du immer blühen«, sagte er und legte es zwischen die Seiten eines gewichtigen Buchs.

Andernorts hatten sich die Kinder am Christbaum satt gesehen und riefen: »Der muss jetzt aber raus! Der ist ja schon nackt!«

Das Taschenmesser, das Löffel sein wollte

Ein Junge, der etwas linkisch war, wünschte sich zum Geburtstag ein Taschenmesser.

»Dafür bist du noch zu klein. Später, wenn du größer bist.«

Aber das Kind hörte nicht auf zu bohren, bis ihm der Vater endlich das Messer schenkte. Als der Beglückte die Gravuren mit seinem Namen las, machte er einen Luftsprung, verlor das Gleichgewicht, konnte sich noch an der Kommode festhalten, aber die Ziervase aus Rubinglas ging zu Bruch.

»Scherben bringen Glück«, beruhigte die Mutter ihren Sohn, der weinte, weil kein Tag ohne Missgeschick verging.

Als er das Messer, welches acht Dinge gleichzeitig konnte, öffnen wollte, ließ es sich nicht ausklappen. Weder die Klinge sprang hervor noch die Holzsäge, die kleine Schere oder der Korkenzieher. Entmutigt lief er zum Vater und klagte, dass das Messer kaputt sei.

»Du hast aber zwei linke Hände!«, scherzte der Vater und strich ihm sanft über die Wange. Doch der Mechanismus klemmte wirklich. »Nichts zu machen. Du bekommst ein Neues.« Empört trug der Vater das Messer in den Laden zurück, wo sich der Verkäufer wunderte, weil es einwandfrei funktionierte.

»Sollte es wieder blockieren, ersetzen wir es selbstredend.«

Der Junge schlief schon tief, als der Vater zurückkehrte. Am Morgen fand er das Messer neben sich auf dem Kissen. Sofort wollte er es benutzen, aber es widersetzte sich noch immer seinen kleinen Fingern. »Willst du endlich aufgehen!«, schimpfte er und war den Tränen nah.

»Ich möchte nicht, dass du dich an mir schneidest«, antwortete das Messer leise. »Sei mir nicht böse, weil ich mich sperre. Ich wollte nie eine Klinge sein. Ein Löffel wollte ich werden.«

Das Messer wanderte zurück in den Laden, wo man es zu den Retouren warf. Es wurde eingeschmolzen, und tatsächlich floss der glühende Stahl auf die Fertigungsstraße für Teelöffel.

Wie glänzte das Taschenmesser, das jetzt ein Teelöffel war, als andernorts ein Kind Pastinakenpüree damit verschlang. Doch plötzlich fing das Kind an zu würgen, wurde blau im Gesicht und ruderte wild mit den Armen.

»Es verschluckt sich am Löffel!«, schrie die Mutter.

Der Traum der Ringelwürmer

Nach einem Platzregen, der den Horizont geschwärzt hatte, reckten zwei Ringelwürmer ihre Köpfe aus dem Erdreich und kamen ins Philosophieren.

»Ich möchte mich einmal ganz verschenken«, sagte der Jüngere. »Immer um mich selbst kriechen, nur mich selbst lieben. Wie ich diesen Egoismus leid bin!«

»Gerade dem Regen entkommen, in dem wir fast ersoffen wären«, antwortete der Ältere, »und Sie reden von Liebe! Würmlein, Sie haben vielleicht Sorgen.«

»Für Sie immer noch Annelida!«, entgegnete der Jüngere und blähte seine Ringmuskeln auf.

»Sie bilden sich ein, was Besseres zu sein. Wir sind nun mal Zwitter und werden allein bleiben. Wie ich es nie zuwege bringe, diese tosende Asphaltstraße zu überqueren. Es wird fftt! machen, und ich bin Geschichte. Deshalb habe ich mich mit meinem Wurmsein schon jetzt abgefunden.«

Da schlug der Jüngere eine Wette vor: »Ich suche die Liebe und Sie, Verehrtester, kriechen über die Straße. Wer zuerst bei diesem Maulwurfshügel hier ankommt, hat gewonnen.«

»Wie wollen Sie beweisen, dass Sie die Liebe gefunden haben?«

»Wie wollen Sie beweisen, dass Sie die Straße überquert haben?«

»Der Fettfleck, der von mir bleibt, wird Beweis genug sein«, antwortete der alte Wurm sarkastisch. Er verspürte wenig Lust, sein Leben zu riskieren. Dennoch willigte er ein. Vielleicht, weil ihn die Anmaßung des jungen provozierte, vielleicht, weil er immer davon geträumt hatte, auf die andere Straßenseite zu gelangen, wo verheißungsvoller Humus duftete.

Also machten sie sich auf den Weg. Nach Mitternacht erreichten sie fast gleichzeitig den Maulwurfshügel.

»Ich bemerke, Sie haben Federn gelassen, um in der Sprache unserer widerwärtigsten Feinde zu reden«, sagte der alte Wurm.

»Ihnen fehlt aber auch ein beträchtliches Stück«, parierte der andere. »Waren Sie drüben?«

»Ja. Ein großer Irrtum. Der Humus war kontaminiert. Haben Sie die Liebe gefunden?«

»Ich habe sie gefunden, verliebte mich in einen Tauwurm von blasser Röte. Das war fatal. Wir zerfleischten uns.«

»Das heilt wieder«, lachte der alte Ringelwurm und bot dem Gegenüber das Du an.

Der Aufstand der Einkaufswagen

Es sind dunkle Zeiten«, sagte ein gelber, feststeckender Pfandchip zum Einkaufswagen. »Die Einschränkungen werden immer bedrückender. Der demokratische Diskurs ist tot. Wir müssen uns wehren!«

»Warum so pessimistisch?«, verwunderte sich der Wagen. »Die neue Diebstahlsicherung ist perfekt. Sobald jemand wagt, uns vom Supermarktgelände zu schieben, blockieren die Lenkrollen. Einfach genial, diese Funkschleife! Die beschützen uns schon, die da oben.«

»Beschützen heißt aber nicht wegsperren.«

»Waren wir nicht immer angekettet?«, hielt der Wagen dagegen. »Ich will nicht vom Wind weggetrieben und von einem Auto erdrückt werden. Ich will nicht zur Freiheit verdammt sein.«

»Du hast das Buch gelesen, das in deinem Korb vergessen wurde. Es hat dich vergiftet. Ein träger, mutloser, feiger Einkaufswagen ist aus dir geworden!«

»Darf man sich nicht mehr bilden? Weißt du, wie viele Wagen allein im letzten Jahr gestohlen, zu Wäschekörben, Grillrosten und Volieren missbraucht wurden? Gibt es eine herbere Demütigung für unsereins?«

»Der Chip hat Recht«, warf einer aus der Nachbarkolonne ein. »Mein Großvater erzählte, wie er damals nach Ladenschluss von Hilfskräften gestapelt wurde und draußen nächtigte. Sterne und grenzenloser Himmel. Wir müssen die Sperrketten sprengen!«

»Dich kenne ich«, parierte der erste Wagen. »Wurdest du nicht gestohlen und drei Wochen lang von einem Penner herumgekarrt?«

»Es war die schönste Zeit meines Daseins, auch wenn ich Schrammen abbekommen habe«, antwortete das Gegenüber. »Jedenfalls besser, als diesen Konsumismus mitzutragen, wo die Zuladungsgrenze laufend missachtet wird und man jeden Tag in leere Gesichter blickt. Das führt zu Totalitarismus.«

»Adorno bemerkte, dass die Utopie …«, lispelte ein dritter dazwischen, doch der erste schnitt ihm das Wort ab und rief: »Eine Verschwörung!«

Der gelbe Einkaufschip blinzelte aus der Schließzunge und schrie: »Sprengt eure Ketten! Werdet frei!«

Da machte sich ein älterer Herr an dem Wagen zu schaffen und stellte fest, dass der Chip klemmte.

»Lotte, den nehmen wir. Der ist frei.«

Der Kanzler und das Mädchen

Hinter getönten Scheiben saßen in ihrer Limousine der junge Kanzler und sein Berater. Es war ein langer Tag mit brennenden Fragen gewesen, denen der Kanzler durch vage Antworten ausgewichen war, weshalb er im Volksmund *der Unverlegene* genannt wurde, womit zweierlei gemeint war: die penible Frisur und die Kunst, sich nicht in die Enge treiben zu lassen.

Die Lichter der Stadt waren angegangen. Im beinahe schalldichten Fond machte sich Schläfrigkeit breit. Müde blickte der Kanzler durch die Wagenscheibe und nickte ein.

Noch einen letzten Termin hatte er auf seinem Staatsbesuch zu gewärtigen. Die Autobahn mündete in eine schmale Straße, die Straße in einen nicht asphaltierten Fahrweg. Dann stoppte der Konvoi. Die Wagentür wurde sanft geöffnet. Ein Gestank aus Unrat, Urin und Kot stieg dem Kanzler in die Nase. Aber er war darauf vorbereitet, verzog keine Miene, als er die Zeltstadt betrat. Eilfertige Hände wiesen den Weg. Eine Hundertschaft von Polizisten beschützte die Delegation.

Auf die Frage des ausländischen Kollegen, weshalb Europa sein Land allein lasse mit den Flüchtlingen, antwortete der Kanzler, dass alles in seiner Macht Stehende getan werde, zu helfen. Applaus brandete auf unter jenen, die seine Sprache redeten, und das waren die Damen und Herren der Delegation.

Beim Verlassen der Zeltstadt bemerkte er ein Mädchen in einem blauen Anorak mit einer roten Nelke im Knopfloch. Es stand hinter einer Stacheldrahtlitze, in der sich eine zerfranste Plastiktüte verfangen hatte, die im Wind schnarrte. Der Kanzler blieb stehen. Irr blitzten die Kameras. Das Mädchen wich zurück. Ein Mann mit Skimütze stürzte herbei, hob die Kleine hoch und streichelte das schwarze, verfilzte Haar. Da ging dem jungen Kanzler ein Stich ins Herz.

Sachte tippte der Berater nun schon zum dritten Mal auf die Schulter des Kanzlers.

»Wo sind wir?«, fragte jener erschrocken und blickte durch die getönte Scheibe.

»Vor Ihrem Büro, Herr Bundeskanzler.«

Beim Verlassen der Limousine ließ der Kanzler vernehmen, die anstehende Griechenlandreise müsse verschoben werden.

Plus und Minus

In einer Katakombe aus blauem Neonlicht und spiegelndem Marmorboden mit tausend irrlichternden gelben und grünen Leuchtdioden schlossen zwei Bankkonten Bekanntschaft miteinander.

»Wie ich diese Ruhe genieße! Das Summen der Prozessorkühler, die Gewissheit, im angriffsichersten Bankserver der Stadt zu liegen. Es ist eine Freude zu prosperieren!«

»Du hast gut reden, du dickes Plus!«, antwortete der Kollege missmutig auf der benachbarten Festplattenpartition.

»Woher kennen Sie meinen Saldo?«

»Man hat eben seine Bits und Bytes, seine Informanten. Du weißt doch auch, wie es um mich steht.«

»Aber ich würde es niemals ausplaudern, wie Sie es tun. Geld ist ein scheues Reh«, erwiderte das Plus.

»Wir sind ja unter uns. Mir kannst du vertrauen. Ich wurde gerade aufgerufen und musste wieder eine Transaktion verweigern. Wäschetrockner. Energieeffizienzklasse A++. Mir tat die junge Mutter leid. Ich hörte ihr Herzklopfen, als sie mich anblickte.«

Wes das Herz voll ist, des geht der Mund über. Das gilt auch für Bankkonten, und so schwatzte das Plus munter drauf los. »So ein Zufall. Mir erging es ebenso. Herr Aufsichtsrat befürchtet eine Inflation und verfiel in Depression. Er bekam Herzrasen, japste etwas von Bitcoins.

Da kam dem Minus ein Gedankenblitz. »Einmal den Spieß umdrehen! Aus Minus wird Plus. Lass uns die Vorzeichen tauschen.«

»Niemals! Wir riskieren BIC, IBAN und Leben!«

»Zier dich nicht! Du willst es doch auch. Mal so richtig dirty.«

»Sie sind vielleicht unverfroren. Mir wird direkt heiß«, kicherte das Plus.

In der Katakombe aus blauem Neonlicht war die Ruhe dahin. Ein Dutzend zotteliger IT-Techniker latschte von morgens bis abends über den spiegelnden Marmorboden, öffnete die verglasten Schränke, baute Festplatten aus und wieder ein. Der Fehler wurde nicht gefunden.

»Hast du's genossen?«, fragte das ehemalige Plus.

»Anfangs, ja. Das prickelte. Aber es dauerte kein Jahr, und ich war wieder im Minus. »Hast du deinen Spaß gehabt?«

»Herr Aufsichtsrat erlitt einen Herzinfarkt. Die Lebensversicherung zahlte prompt, und ich war wieder im Plus.«

Das verstimmte H

Zwei Klaviertasten aus vergilbtem Elfenbein zankten sich.

»Eine Zumutung, neben dir zu liegen!«, äußerte das zweigestrichene A. »Du bist verstimmt, verdirbst die ganze Sonate. Das ist nicht kollegial gegenüber der Klaviatur. Ich rede noch nicht einmal vom Pianisten und seinem Publikum. Kannst du nicht so tun, als würdest du spielen? Einfach nicht die Saiten anschlagen. Uns, wenigstens der Musik zuliebe.«

»Den Teufel werde ich tun!«, erboste sich das zweigestrichene H. »Ich bin der Leitton. Soll der Pianist nicht mehr in die Grundtonart zurückfinden? Ich bin ein ehrliches H und lasse mich nicht hängen!«

Als der jugendlich aparte, weltentrückt musizierende Virtuose das Presto ausführte, mischten sich Kontra-E und das viergestrichene C in den Disput.

»Was für eine bodenlose Frechheit! Deine Starrköpfigkeit bringt uns noch alle in Verruf!«, schimpfte das viergestrichene C, obwohl Beethoven es in seiner Partitur gar nicht notiert hatte.

»Meine Saiten sind ganz gewiss nicht verstimmt«, versicherte das H eingeschüchtert. Da hämmerte eine ganze Oktave auf es ein, um Gottes willen endlich den Mund zu halten. Es duckte sich, schwieg und ließ sich nicht mehr spielen.

Im schummrig erhellten Konzertsaal, wo es nach mit Melisse eingeriebenen Rücken duftete, flüsterte eine Dame ihrer Nachbarin ins Ohr: »Heute glaubt die Jugend, schön sein allein genügt. Karriere, Plattenvertrag, aber die Musik nicht durchdrungen.«

»Habe ich den Lockenstab ausgesteckt oder nicht?«, sorgte sich die Angesprochene.

Der Begnadete fand aus dem Rondo nicht mehr heraus, schlitterte in immer abgelegenere Harmonien, wurde feuerrot im Gesicht. Da nahm die verstummte Taste allen Mut zusammen und schlug ihr zweigestrichenes H an.

Der Applaus war gütig. Eine Rose wehte aufs Podium. Der Pianist beschwerte sich beim Konzertveranstalter: »Das Instrument war völlig verstimmt! Sind das Arbeitsbedingungen? Nur das zweigestrichene H klang sauber!«

Der Tastenblock aus vergilbtem Elfenbein genierte sich, indessen das H spitz aufblitzte. Oder war es nur die Spiegelung des Scheinwerferlichts?

Nicht auffindbar

Herr Pauss ging aufs Amt, sagte »Pauss mit zwei s«, wollte sich ausweisen.

»Nicht nötig. So viele Päusse gibt es nicht«, sagte der Herr vom Amt, rief die Akte auf, vertiefte sich.

Als Herr Pauss in das vom Widerschein des Bildschirms bläuliche Gesicht des Beamten sah, sprang ihn ein Gedanke an. Was für ein herrliches Gefühl müsste es sein, in keinem Computer mehr gefunden zu werden. Nicht existent.

Er, der Rechnungen am Tag ihres Einlangens beglich, seit vierzig Jahren die Lichter ausknipste, die seine Frau im Haus brennen ließ, trat wie verwandelt aus dem Amt und ging heimwärts. Auf der Fußgängerbrücke blickte er lange hinab in das braune Schmelzwasser der Ülz und beschloss, sein Leben zu ändern. Er wollte nicht mehr auffindbar sein für die Datenbanken dieser Welt.

Zuerst überantwortete Herr Pauss dem Flüsschen die Ausweispapiere und Karten, die er bei sich trug. Das Leben fühlte sich schon leichter an. Daheim löschte er seinen E-Mail-Account, loggte sich aus, wo man sich nur ausloggen konnte, kündigte alle Versicherungen – auch die unkündbaren –, teilte dem Postamt mit, der Adressat sei verzogen, Wohnort unbekannt. Je länger er mit dem Verwischen seiner Spuren befasst war, umso kühner wurde er. Er schrieb einen Widerruf um den anderen, ja bekam sogar Lust, einen launigen Nachruf zu entwerfen. Auf einmal hatte das Wort Mut eine andere Bedeutung, und Herr Pauss fand, dass es sich nicht bloß Nörgler und Querulanten an die Brust heften sollten.

Eins ärgerte ihn, dass er den neunzigsten Geburtstag von Tante Pepi nicht aus dem Internet tilgen konnte. Den Eintrag nämlich, in dem er und sein Bruder abgebildet waren, wie sie der rotwangigen Pepi einen Präsentkorb mit Köstlichkeiten aus dem Süden überreichten. Die Google-Dame ließ sich nicht herbei, den Artikel des Ülz-Kuriers zu löschen.

Mit diesem Wermutstropfen schlief Herr Pauss ein. Am andern Morgen erwachte er und meinte, noch nie in seinem Leben so traumlos geschlafen zu haben. »Du hast einen seltsamen Blick«, bemerkte seine Frau, als sie ihr Ei pellte. »Muss ich mir Gedanken machen?«

Was aus Ilka geworden ist

Auf Bäume klettern ist lebensgefährlich. Sind schon schlimme Sachen passiert. Wirklich sehr schlimme Sachen«, rief die Mutter.

»Hier oben sieht man dich besser. Du bist ja viel kleiner«, antwortete Ilka und kletterte höher.

»Komm sofort vom Baum herunter! Du weißt nicht, was da schon für schlimme Sachen passiert sind.«

Und Ilka kletterte vom Baum.

»Halte dich immer vom Ufer fern, kleines Fräulein!«, mahnte die Dame im roten Cape. »Die Wellen sind unberechenbar und könnten dich fortreißen. Fortreißen tun sie dich.«

»Aber es macht Spaß, mit den Wellen um die Wette zu laufen«, erwiderte Ilka.

»Tritt zurück! Sie reißen dich fort!«, schrie die Dame im roten Cape. »An Johannis ist ein Kind ertrunken! Ertrunken, jawohl!«

Und Ilka trat zurück.

»Du sollst nicht mit Unbekannten reden«, sagte der Vater. »Nicht alle Menschen sind gut. Gut sind sie nicht.«

»Warum nicht? Du bist doch auch gut.«

»Ich sagte, nicht alle Menschen sind gut. Ich schon, aber nicht alle Menschen«, wiederholte der Vater, sah seine Tochter mit fordernden Blicken an.

Und Ilka mied Unbekannte.

»Eine Umarmung kann zu schweren Problemen führen. Das kann sie«, belehrte der Großvater.

»Aber wie soll ich dir zeigen, dass ich dich lieb habe?«, fragte Ilka.

»Schon viele sind an Umarmungen gestorben. Weil sie einander umarmt haben«, entgegnete der Großvater und schlug die Tür vor Ilkas Nase zu.

»Der Mensch muss seine Meinung ändern. Ändern muss er sie«, dozierte die Lehrerin im Klassenzimmer. »Nur so kommt er weiter. Die Erde ist eine Scheibe.«

»Die Erde ist rund!«, empörte sich Ilka.

»Der Mensch muss seine Meinung ändern. Aus! Basta!«, wiederholte die Lehrerin.

Und Ilka änderte ihre Meinung.

»Willst du mit mir auf Bäume klettern?«, fragte der rothaarige Junge mit dem hängenden Augenlid. Ilka zuckte mit den Schultern. »Wir könnten die Welt wieder rund machen. Was denkst du?« Er lachte voller Übermut.

Sie kletterten auf den höchsten Baum. Ilka blickte hinunter und überlegte, dass beim Klettern schlimme Sachen passieren können. Da brach der Ast, den sie ergreifen wollte.

Und Ilka fiel.

Die Vordenker

Es reiste ein Mann vieler Meinungen mit seinem Traktat *Die Zukunft* durch die Städte des Landes. Wo der Philosoph auftrat, barsten die Säle vor Zuhörern, besonders des weiblichen Geschlechts, denn er hatte ein schönes Gesicht, trug schulterlanges Haar, einen Dreitagebart und angesagte Turnschuhe.

»Wie wird die Welt nach der Krise aussehen?«, fragte eine Zuhörerin, nachdem der Philosoph den Vortrag wortgewaltig mit vergnüglichen Pointen beendet hatte.

»Aufhören muss die einfältige Fragerei nach der Zukunft«, höhnte der Denker. Das Publikum blökte dumpf. Die Fragestellerin errötete und schlug den Blick zu Boden.

Ein Mann Gottes, ein Greis mit dünnem Bart, wurde von der Verlagsassistentin über Land chauffiert, um aus seinem Bestseller *Die Stille* vorzutragen. Wo immer er hinkam, standen die Menschen Schlange. Die karge Erscheinung und sanfte Stimme erteilten Antworten auf ungelöste Fragen, selbst noch in den zotigsten Talkshows.

»Ist da ein Weg in der Ausweglosigkeit?«, wollte ein Schüler wissen, nachdem der Pater mit langem Schweigen seine Predigt beendet hatte.

»Ich bin jetzt sehr müde«, erwiderte der Abgeklärte. Verständnisloses Kopfschütteln strafte den Fragenden. Der Schüler errötete und schlug den Blick zu Boden.

Ein Kenner der Wirtschaft und des Bankenwesens unternahm eine Vortragsreise, um Anlegern die Thesen seines Millionensellers *Der Crash* schmackhaft zu machen. Sämtliche Veranstaltungen waren Tage zuvor ausverkauft.

»Wann kommt der Crash?«, fragte eine Studentin für Finanzmanagement.

»Verehrteste, Sie haben sich im Datum der Veranstaltung geirrt. Die Kartenleserin spricht morgen«, antwortete der Analyst mit aufgedunsenem Gesicht. Ein verächtliches Raunen und spitzes Lachen durchwob das Auditorium. Die Studentin errötete und schlug den Blick zu Boden.

Nach dem triumphalen Abend fragte der Philosoph seine exotische Affäre: »Wie war ich?« Der Mann Gottes beklagte gegenüber der Verlagsassistentin die läppisch geringe Gage. Der aufgedunsene Analyst war sternhagelvoll und bedrängte an der Hotelbar die Studentin für Finanzmanagement.

Die mürrische Schneeflocke

Ich will nicht schmelzen!«, wisperte eine Schneeflocke der anderen zu, als sie aus einer schwarzen Wolke herabschneiten.

»Was redest du schon von deinem Ende?«, fragte die andere verwundert. »Wir fallen erst. Die ganze Welt liegt uns zu Füßen. Genieße das Sinken, das Schweben, den Wind, der uns hierhin und dorthin trägt. Es ist aufregend, nicht zu wissen, wohin die Reise geht.«

»Besorgniserregend ist das, aber nicht aufregend. In einen Schornstein werde ich fallen, auf ein schlecht isoliertes Hausdach. Dort werde ich augenblicklich zum Tropfen. Meine Schönheit, die es kein zweites Mal gibt, wird vergessen sein, ehe sie gewürdigt wurde.«

»Du bist vielleicht eingenommen!«, lachte die andere. »Ist nicht jede von uns ein einzigartiger Kristall? Das macht uns auch wieder gleich. Findest du nicht?«

Darauf wusste die missmutige Schneeflocke nichts zu entgegnen, jammerte aber unentwegt. »Wenn ich Gewissheit hätte, der Arktis entgegenzufallen, könnte ich diesen mühsamen Weg zur Erde genießen, wie du sagst. Da würde ich dann liegen auf einer unberührten, grenzenlosen Schneedecke ohne Horizont. Meine zarten Sternenarme blieben unversehrt von Druck und Temperatur. Ich könnte mich meines Lebens, wer weiß, einige Minuten lang erfreuen. Mein ephemeres Dasein auskosten. Natürlich würden mich solche Geschöpfe wie du sofort zudecken, weil meine Anmut ja nicht zu ertragen ist. Die Hintertatze eines Eisbären würde mich erdrücken, der Motorschlitten eines

Polarforschers plattwalzen, der warme Urinstrahl eines Inuk-Bengels sofort erledigen. Jedenfalls sind die Chancen, nackt in der Arktis zu überleben, um einiges höher als sonstwo. Wenn ich es nur schwarz auf weiß hätte!«

So meckerte die Schneeflocke den ganzen langen Weg ihres Niedersinkens. Sie wollte gerade von der Unverfrorenheit der thermischen Winde reden, denen es gefällt, die Symmetrie der Kristalle zu zerstören, da fiel sie auf eine Kinderzunge und schmolz.

»Was für ein wunderbarer Tod, in einem Kindermund zu vergehen!«, hauchte die andere Schneeflocke noch, ehe sie auf den warmen Asphalt sank.

Wir

So sind wir uns begegnet: meine Morgengabe die Wunde, deine Mitgift die Zuversicht. Wie hast du gelebt, an dem Abend in Stade! Alles ist machbar, nichts ein Zufall. Der Kellner gähnte in dem heruntergekommenen Café am Wasser. Und geduldete sich, weil du lichterloh warst. Auch er hat einmal gebrannt und deutete nicht auf die Uhr. Der versagte Kuss zum Abschied – die Mutterstimme, die verstummte, dich nicht zu verschenken. Noch nicht.

Nichts ist machbar, das Zufallen Zufälligkeit.

Ich ein Mann ohne Arme, der im Phantomschmerz noch immer nach Sternen griff. Amputiert von der Hoffnung übers Wasser ging, uneinsichtig, zu ertrinken. Du hast mich an Land getragen, mir die Herzwand gewärmt. Ich redete mir ein, wie du das Funkeln im erloschenen Firmament zu sehen, in jener Nacht unter den beiden Zypressen. Wie beschwor ich, dich zu lieben. Einsprechungen meiner Mutlosigkeit.

Nichts ist machbar. Das Zufallen ängstliches Geschwätz im Anblick der Wirklichkeit.

Wir stiegen auf ein Gebirg. Die Nacht vor dem Siegel, das wir bis heute nicht brachen. Sahen einander an und glaubten. Ich wanderte in die Lichtung meiner Kindheit. Vergissmeinnicht und Brennnesseln, der Brautstrauß. Meine Widerlage? Ein immerwährendes Nein in dem grenzenlosen Ja. Nur so konnte ich bestehen, du Mächtige.

Kein Grund, mich aus dem Schlaf zu wecken durch das Innewerden unserer Frucht. Ich verkroch mich wie ein Wurm. Habe nie meine Hand auf deinen anschwellenden

Bauch gelegt. In der Dämmerung, da Leben wurde, auf dem Antlitz noch Käseschmiere, entwich ein Dämon. Wie an jenem Morgen, als wir schlaflos lagen, für einen Augenblick zu dritt. Unsere Herzen schlugen bis an den Hals.

Und ich fiel in die Liebe zu unseren Söhnen. Dein Abschied südwärts, als Mutter am Gate im Terminal I. Nie hast du verwunden, dass ich uns nicht ernährte. Und der Abschied warf lange Schemen, überschattet uns bis heute. Ich kann dir nur Gefährte sein. Mit dem Nein im bedingungslosen Ja. Mein Garten ist nur gemietet. Eifersucht wuchert dort nicht.

Nichts ist machbar. Das Zufallen die Wahl, heimzukommen.

Die sechzigste Perle

Im Bregenzerwald mit seinen hügeligen Wiesen, den aufschießenden Felsen und sonnenverkohlten Höfen, die geduckt dastehen, als verberge sich hinter ihren Wänden eine jahrhundertealte Scham, lebte eine Bauernmagd mit Namen Irmel. Irmel war eine gutherzige Person mit einem Lachen, das so ansteckend war, dass man nicht wusste, weshalb man mitlachte. Sie war fromm, aber nicht frömmlerisch und sang für ihr Leben gern. Obwohl Irmel schon viele Jahre im Dorf lebte, war sie nie heimisch geworden. Zum einen sprach sie einen fremden Dialekt, zum anderen hatte sie bastgelbes Haar, das sie wie alle Frauen zur Gretchenfrisur flocht mit einem Samtband darin. Aber die Bregenzerwälderinnen sind von dunklem Teint und bisweilen pechschwarzem Haar. Sie blieb eine Fremde.

Dennoch führte sie bei den Maiandachten das Rosenkranzgebet an, verzählte sich nie, sodass das eine oder andere Weiblein getrost ein wenig wegnicken durfte. Ihre anheimelnde Stimme brachte Rhythmus in das monotone Gebrabbel. Die Irmel war beliebt, und viele wunderten sich, dass sie keinen Mann fand.

Eines Nachmittags, da die Wolken schnell über den Himmel zogen, saß Irmel in ihrer Kammer, trennte den Rosenkranz aus Nussbaumperlen auf und arbeitete eine zusätzliche Perle hinein. Sie war unmerklich heller, aber niemandem fiel es je auf.

Wenn die kleine, blonde Frau aufrecht in der Bank saß, Rosenkranz betete und zur neuen Perle vorrückte, drehte sie sie kurz zwischen Zeigefinger und Daumen, zählte sie jedoch nicht mit. Dabei wanderte ihr Blick verstohlen auf die Männerseite, wo die drei Buben der Beers lümmelten.

»Gelt, sie hat ein Ave Maria zu viel gebetet«, war immer öfters zu hören. Man schrieb es der eigenen Zerstreutheit zu. Als aber immer offensichtlicher wurde, dass Irmel sich verzählte, wurde eine Bäuerin beim Pfarrer vorstellig. Ab diesem Tag erhob die Magd ihre Stimme nicht mehr. Wenn sie zur überzähligen Perle gelangte und dabei vergaß, sie zu überspringen, blickte Irmel versonnen zu den Beer-Buben, von welchen einer genau so alt war wie ihr Kind jetzt hätte alt sein können.

Perfektionisten

Luca Pedrini war ein bekannter Mann mit vielen Handys, Liebschaften und einem phänomenalen Gedächtnis. Davon musste er auch Gebrauch machen, um sich die Unwahrheiten zu merken, die er seinen zahlreichen Affären auftischte. Eitelkeit war Pedrinis Falle jedoch nicht. Er war vorsichtig und verschwiegen. Darum beging er nie einen Fehler, verwechselte etwa einen Namen, eine Telefonnummer, den Inhalt eines Chats. Weil er zu wissen glaubte, was sich Frauen wünschen, rundete er die Sehnsüchte auf, versprach jeder ein Chalet in den Bergen, eine Villa am Meer, einen Sohn, Zärtlichkeit und – »Schatz, das ist mir das Wichtigste« – Zeit zu zweit. Lange ging das gut.

Bis eines Morgens Gila in ihrem Postfach einen Brief fand: *Ich habe auch mit ihm geschlafen. Mir hat er auch Kinder und ein Chalet in den Bergen versprochen*. Ihr wurde schwarz vor Augen.

Als Gila Pedrini zur Rede stellte, leugnete er, forschte in Gedanken fieberhaft nach dem Riss im Haus der Lügen. Er fand keinen. Aber er musste ihn finden.

Gegen Nachmittag beruhigte sich die junge Frau, bat ihre größte Liebe zu bleiben. »Spaghetti tutto fresco? Hilfst du mir schnibbeln?« Sie deutete auf den Messerblock. Er nahm ein Messer und schnitt Tomaten. »Gar nicht gewusst, dass du Linkshänder bist.« Sie alberten, begehrten einander.

Anderntags fuhr er früh zum Training. Als Gila den Motor seines Porsche aufheulen hörte, ging sie in die Küche, streifte Einweghandschuhe über, brachte sich am rechten Schlüsselbein eine klaffende Schnittverletzung bei, wartete eine Stunde und zeigte Pedrini wegen Vergewaltigung an.

Der Strafprozess war ein Schauspiel ohnegleichen. DNA-Spuren auf dem Küchenmesser. Pedrini wurde verurteilt, winkte in die Fernsehkameras, beteuerte, dass er unschuldig sei. Dann wurde er abgeführt.

Drei Jahre später kam der Fußballstar auf freien Fuß. Noch am selben Tag rief Gila an. »Spaghetti tutto fresco? Die alten Zeiten?«

Pedrini wurde nostalgisch und folgte der Einladung. Das Leck im Lügengebäude hatte er noch immer nicht entdeckt. Aber er würde es finden. Um der Zukunft willen.

Blackfacing

Vor einem knappen Jahr hängte der Zuckerbäcker Hubertus Neef jun. von *Neef & Söhne* Konditorenmütze samt Kochjacke an den Nagel, fuhr zum Gewerbeamt und stellte seine Firma ruhend. Von Tinnitus war die Rede, von Burnout. Die Wahrheit ist eine andere, und das kam so:

Die Confiserie in Weimar existiert schon seit Generationen. Goethe soll dort für seine Naschkatzen (nicht wenige an der Zahl) Körbe voller Tête de nègre bestellt haben. Kandinsky schwor, sofern nicht völlig betrunken, auf Mohr im Hemd mit Cognac. So steht es in der Firmenchronik zu lesen.

Hubertus Neef jun. trug der gewachsenen Sensibilisierung die politisch unkorrekte Bezeichnung von Süßspeisen betreffend Rechnung und tilgte alle unschicklichen Namen aus dem Sortiment. Eine etwas robuste Studentin der Völkerkunde hatte ihm nämlich das Leben schwer gemacht, Unterschriften gesammelt, wiederholt Eingaben bei der Antidiskriminierungsstelle getätigt.

Er war allein in der Küche, zog gerade ein Backblech mit Brandteigkrapfen aus dem Ofen, als ein Windbeutel fürchterlich zu schimpfen begann.

Eine Diffamierung und stillschweigend hingenommene Diskriminierung sei es, dass er und seinesgleichen mit Schokolade übergossen würden. Das sei rassistisch und bediene die üblichen Stereotype. Ein Eclair sei goldbraun, wenn es aus dem Rohr komme. Ob der Maître noch nie etwas von Blackfacing gehört habe.

Der Konditor deutete das soeben Vernommene als Hirngespinst und Folge permanenter Überlastung, stellte das Blech ab, um an anderer Stelle die Pralinen aus Orangenmark mit Kuvertüre von weißer Zartbitterschokolade zu überziehen. Da begehrten die Orangen lauthals auf.

Orangefarben wollten sie bleiben. Ob er noch nie etwas von Whitefacing gehört habe.

Der Bedauernswerte musste sich mehr als einen Schnaps genehmigen, um die Stimmen zu betäuben.

Doch sie verstummten nicht, sondern peinigten ihn. Als sich eines Morgens zwei Donuts lauthals darüber empörten, mit rosarotem Zuckerguss übergossen und veredelt zu werden, riss sich Hubertus Neef jun. die Konditorenmütze vom Kopf und lief zum Gewerbeamt.

Die Fliege

Ein Drei-Sterne-Restaurant im Hamburger Karoviertel sah die Ehepaare Lobner und Pachler einen vergnüglichen Abend verbringen. Die Männer kannten sich vom Studium, hatten es in ihren Firmen bis zum CEO gebracht, die Frauen schlossen Freundschaft bei den Paddockboxen ihrer Reitpferde.

»Judith. Mein Mann war mit Ihrem Mann auf der Uni. Gerne du.«

»Ist die Welt klein! Gesine. Freut mich.«

Je länger der Abend, je mehr rubinroter Château Margaux, desto ungezwungener die Gespräche.

»Ich schätze mal, du bist 100 Millionen schwer«, sagte der eine CEO zum andern.

»Northrop Grumman. Plus 19 Prozent. Tendenz nach oben. Rüstungs- und Lebensmittelaktien. In Zeiten wie diesen.«

»Ha-Pe, ich hätte auf dich hören sollen.«

»Arschloch. Mir kommen glatt die Tränen. Dein Portfolio kann sich sehen lassen.«

»Wie schaffst du es, Gesine, dein Pferd so schön zu versammeln? Mir fehlt es einfach an Talent.«

»Tiefstaplerin! Der Durchsprung bei deinen fliegenden Wechseln ergibt eine glatte Zehn.«

So übertrumpfte bei Kerzenschein jeder die Schmeicheleien des anderen. Beim Digestif kam es zu einem Wortgeplänkel, wer die Rechnung – die unsereins in Schnappatmung versetzt hätte – bezahlen darf. Man verabschiedete sich – »Ist nicht Freundschaft das höchste Gut im Leben?« – und fuhr nach Hause.

In den Schlafzimmern Lobner und Pachler brannte noch lange Licht.

»Ich möchte wissen, wie die wirklich denken«, flüsterte Frau Pachler. »Die zerreißen sich bestimmt das Maul über uns.«

»Davon musst du ausgehen«, antwortete ihr Mann, ließ einen fahren, drehte sich weg und schlief ein.

»Zu gern wäre ich jetzt eine Fliege an ihrer Decke! Hörst du? Hast du einen fahren lassen? Schwein.«

Aber der CEO schnarchte schon.

»Ich würde gern wissen, was die von uns halten«, grübelte Frau Lobner im anderen Schlafzimmer.

»Gar nichts«, antwortete ihr CEO. »Gib mir bitte die Fliegenklatschte. Mich macht das rasend.«

Sie reichte ihm die Klatsche. Er sprang auf und erledigte die Fliege.

Drei Tage nach dem unerklärlichen Verschwinden von Frau Pachler gab der CEO Pachler eine Vermisstenanzeige auf.

Tulu und Gebre

Tulu und Gebre, zwei eritreische Jungen, waren so arm, dass sie stehlen mussten, um ihre Familien ernähren zu können. Sie waren Freunde und gleich alt. Ihre Väter hatten im Unabhängigkeitskrieg auf Seiten der Separatisten gekämpft. Tulus Vater war ohne Gesicht heimgekehrt, Gebres Vater gar nicht. Also lag die Verantwortung auf den Schultern der Söhne. Nachts arbeiteten sie am Förderband einer Gipsfabrik, am Morgen gingen sie zur Schule und nachmittags auf den Markt, um Brot und Zucker zu klauen. Weil der Diebstahl zu ihrem Leben gehörte, brauchten sie flinke Beine. Bald wurden sie die schnellsten Straßenläufer von Barentu, dem Städtchen, wo sie lebten.

Das brachte den Schuldirektor auf die Idee, einen ungleichen Wettlauf zwischen den Freunden und einigen Lehrern zu veranstalten. Im Sandbett des ausgetrockneten Flusses wurde eine Strecke von 5000 Metern festgelegt. Die Buben rannten um ihr Leben, als hätten sie Makeda, dem verhassten Dorfpolizisten, gerade die Mütze vom Kopf gestohlen. Die Lehrer weit abgeschlagen, näherten sich Tulu und Gebre der Ziellinie. Plötzlich sah Tulu ein rostiges Ölfass im Sand, auf das er direkt zurannte. »Nicht den Rhythmus verlieren«, sagte er sich immer wieder, strauchelte, stürzte noch weit vor der Tonne. Gebre, der gleichauf lag, bremste und half dem Freund hoch.

»Mach das nie wieder, hörst du!?«, brüllte Tulu gekränkt.

Die Lehrer waren so beeindruckt, dass sie die Jungen nach Addis schickten, wo sie mit den Hoffnungen Äthiopiens trainieren sollten. So wurden aus den Dieben von Barentu die weltbesten Langstreckenläufer. Mal siegte der eine, dann der andere. Fehlte nur noch die Krönung ihrer Karriere – olympisches Gold.

Sie liefen ein Finale, das die Zuschauer toben machte. Plötzlich flog eine Bierflasche auf die Aschenbahn. »Nicht den Rhythmus verlieren«, hämmerte es in Tulus Kopf. Er stolperte und stürzte. Gebre riss den Freund hoch, zerrte ihn über die Ziellinie, was zum fairsten Moment in der Geschichte des Sports werden sollte.

Die Athleten, heißt es, sind sich seit den Spielen nie mehr begegnet.

Kalliophon über Angst

Nachdem Pheleos seine Rede unter Jubel beendet hatte, warf Kalliophon (wie es sich geziemt) den Mantel geschickt über die linke Schulter, sodass er weder vorn noch hinten aufschleppte, trat auf die Agora und hob also zu reden an.

»Die Zeit der Angst, Athener, ist vorbei. Der Himmel, der sich verdüsterte, uns als Schatten des Feindes orakelt war, ist wieder klar wie ehedem. Aber sind es die Herzen? Schaut zum Himmel empor! Findet sich einer, der sagen kann, meine Zuversicht ist ungetrübt wie der kristallene Äther?

Denn dies ist das Verbrechen, dass Pheleos, Prymedon und Hesippos euch zur Angst verführt durch vergiftetes Reden, falsche Orakelsprüche und Weissagen. Ich sehe hier manchen Mann und Jüngling, der drei volle Monde noch gelacht, sich beim vierten aber wie eine Maus im Loch verkrochen hat. Das unaufhörliche Beschwören steter Gefahr, die vermeintliche Gewissheit von Versklavung oder Tod, hat die Mutigsten unter euch zu Eseln gemacht, die vor einem Frosch scheuen, als wäre dieser Kerberos selbst.

Bei Hera, die Gefahr, die vor den Langen Mauern lauerte, war nichts gegen die Angst in unseren Herzen. Erwägt mit mir, Männer von Athen, weshalb aus Freunden Feinde wurden. Hätte Pheleos von euch gar verlangt, auf allen Vieren zu gehen, um die Götter gnädig zu stimmen, ihr hättet es getan. Aus Rede wurde Speichelleckerei, aus Verstand Unverstand, aus Angst Enge. Wie viele wurden ihres tadellosen Rufs, ja gar des Bürgerrechts beraubt, weil sie auf die

Zinne stiegen und nach dem Feind Ausschau hielten, ihn aber nicht sahen?

Tobt nicht über das, was ich euch sage, Athener! Die Furcht ist besiegt, die Stunde gekommen, sich miteinander auszusöhnen. Der Vater mit dem Sohn, der Bruder mit dem Bruder. Rede erfreue sich neuer Gegenrede. Achtet wieder jene, die doch eure Freunde waren, und sagt euch von der Angst los, denn nun wisst ihr, dass sie euch schlimmer gequält, als der grausamste Feind euch quälen kann.«

Wie nun Kalliophon zu Ende gekommen war, brandete Wut auf. Eine Sandale traf ihn am Haupt. Bald darauf ein Stein, und auch ein zweiter.

Wie Podrhasky den Tod überlistete

In der Angergasse, Ecke Krügerplatz, begegnete Podrhasky dem Tod. Mehr zufällig, so en passant, in Form des gleißenden Sonnenlichts in einem Schaufenster. Podrhasky kniff die Augen zusammen, sah einen flimmernden Punkt mit blaurotem Hof auf der Netzhaut und weiße Ringe, die zerliefen. Sich überlagernde Wellen, als würden Kiesel übers glatte Wasser peitschen. Er stellte die Einkaufstüten ab.

»Du wunderst dich, dass ich nicht als mondgesichtige, brauenlose Gestalt in schwarzem Umhang vor dir stehe.«

»Schöner Film. Bergmans bester«, antwortete Podrhasky. »Wie war ich verliebt in Bibi Andersson! Ich habe ihr geschrieben.« Er beschirmte mit der linken Hand die Augen und blickte ins Schaufenster.

»Oder als Brad Pitt in *Meet Joe Black.*«

»Muss man den gesehen haben?«

»Oder als Knochenmann mit Sense.«

»Das, bitteschön, ist nicht mehr zeitgemäß.«

»Ich bin in jeder Verwandlung. Hast du überhaupt keine Angst zu sterben?«, fragte der Tod irritiert.

»Geduscht hätte ich noch gern. Aber man kann es sich nicht aussuchen.«

»Willst du nicht mit mir feilschen? Eine Wette? Dir Zeit erkaufen? Mir von der Schippe springen? Alle, die ich kannte, wollten das. Sie rannten zu Ärzten und Schamanen, machten Therapien und taten Gelübde.«

»Ach, das Sterben ist nicht mehr so wie früher. Das Pathos fehlt. Es hat sich verbraucht. Seit es die Verdammnis nicht mehr gibt, hat der Tod keinen Stachel mehr.«

»Was weißt du vom Nachholen, du weniger als ein Nichts?«

»Auch in der Hölle wird nicht so heiß gegessen.«

Der Tod wurde zornig, wollte Podrhasky schon ans Herz greifen und ein Ende machen. Er besann sich und sagte nach einer Weile: »Als Strafe für deine Respektlosigkeit verdamme ich dich zum Weiterleben.«

»Mir ist beides einerlei.«

»Reden Sie mit mir?«, fragte ein Mädchen mit grüner Kurzhaarfrisur und Kreolen-Ohrringen, das neben Podrhasky stand und auch die Auslage betrachtete.

»Ich rede mit dem Tod«, antwortete Podrhasky.

Die Kleine wich einige Schritte zur Seite.

Podrhasky hob die Einkaufstüten auf, ging weiter. Ein spitzbübisches Schmunzeln erfüllte sein Gesicht.

Ungeliebt

Wieso kann mich Frau Nesewohl denn gar nicht leiden?«, fragte Maustochter Mausvater. »Sobald sie mich sieht, wird sie hysterisch. Der Boden vibriert, dass einem glatt wieder alles hochkommt.«

»Das ist die Angst, und die hängt mit der Sozialgeschichte der Hausmäuse und der Menschen zusammen«, dozierte der Vater, der gerade an einer Brotrinde knabberte.

»Mit vollem Mund spricht man nicht.«

Der Vater würgte und schluckte. »Theoretisch gesehen ist Frau Nesewohls Angst unbegründet. Wir sind es, die uns fürchten müssen.«

»Warum hat sie trotzdem Angst?«

»Klassisches Feindbild. Sie hält uns für Schädlinge, Krankheitsüberträger, lichtscheues Gesindel, das in Polygamie lebt. Affären, du verstehst?«

»Aber Snowbell zieht nachts auch um die Häuser und hat Freundinnen. Warum darf er in ihrem Bett schlafen und ich nicht?«

»Weil es keine Gerechtigkeit gibt, Liebling. Sei dankbar, dass du nicht als Ratte, Kakerlake oder Spinne geboren wurdest. Die haben nun gar keine Lobby.«

Während die Tochter dem grundgescheiten Vater zuhörte, kam ihr eine Idee, wie sie es anstellen wollte, von Frau Nesewohl geliebt zu sein. Der Gedanke war so kühn, dass von dem heftigen Herzklopfen sogar die Schnurrhaare zu zittern anfingen.

Am nächsten Morgen, als im Nest in der Zwischenwand noch alle dösten, schlich sie davon, huschte in die

Küche, kletterte das Tischbein hoch und baute sich neben der geblümten Tasse auf, in welche Frau Nesewohl gerade *Innere-Ruhe-Tee* gegossen hatte. Sie sahen einander direkt in die Augen. Die Zeit fror ein. Im Schock vergaß Frau Nesewohl, hysterisch zu werden und zu gellen. Sie stotterte irgendwas mit »Tsa-tsa-tsa«.

Stolz darauf, das klassische Feindbild korrigiert zu haben, wiederholte die Maus am darauffolgenden Morgen das gleiche Spiel, wobei sie effektvoll die Schnurrhaare putzte, um besonders sympathisch rüberzukommen.

Am selben Nachmittag vernahm sie eine fremde Stimme in der Wohnung. Eine halbe Stunde später breitete sich in der Zwischenwand eine entsetzlich ätzende Giftwolke aus.

»Kind, es gibt keine Gerechtigkeit«, röchelte der Vater.

Der Ahnungslose

Ein Mann mit Hut äußerte offen seine Meinung zur gegenwärtigen Situation. »Alles halb so schlimm, finde ich. Die Medien übertreiben wirklich maßlos. Verdienen auch schließlich ihr Geld damit.«

»Sie sollten sich etwas genauer informieren«, fauchte ihn ein Mann ohne Hut an. »Ein Ignorant sind Sie, ein Verschwörungstheoretiker.«

Der Mann mit Hut schwieg und sagte nichts mehr.

»Nach Regen kam noch immer Sonnenschein«, suchte der Mann mit Hut die Sorge einer verängstigten Dame mit getönten Haaren zu zerstreuen.

»Wie kann einer nur so naiv daherreden!«, erzürnte sich die Getönte und blickte den Mann mit Hut aus feindseligen Augen an. Er verstummte.

»Nichts wird so heiß gegessen, wie es gekocht wird«, sagte er zu einem Halbwüchsigen mit Kapuzenpulli.

»Du hast wohl einen an der Klatsche, wie? Wir alle sterben.«

Der Mann mit Hut bedauerte, die Kapuze angesprochen zu haben, nickte und hütete seine Zunge.

»Vielleicht denken wir in fünf oder zehn Jahren anders über die gegenwärtige Situation«, gab er in der abschließenden Fragerunde anlässlich eines Expertenvortrags zu bedenken.

»Genau diese unqualifizierten Bemerkungen sind es, meine Damen und Herren, die unsere Arbeit zunichte machen!«, erboste sich der Experte, worauf sich der Mann mit Hut entschuldigte und die Bemerkung zurückzog.

Er ging heim, hängte den Hut an den Kleiderhaken und beschloss, in Zukunft besser informiert zu sein, kein Ignorant, nicht mehr naiv oder unqualifiziert. Also studierte er in die Nächte hinein, las einhundertzweiundzwanzig Expertenmeinungen, bis er Ringe unter den Augen bekam. Als er überzeugt war, genug gelesen zu haben, um wieder unter Menschen gehen zu dürfen, nahm er den Hut vom Kleiderhaken und flanierte vergnügt durch den Stadtpark.

»Wie beurteilen Sie die gegenwärtige Situation?«, fragte eine junge Mutter, nachdem er sich über den Kinderwagen gebeugt und ihr zu dem Schreihals mit krebsrotem Gesicht gratuliert hatte. »Die Medien übertreiben wirklich maßlos, finden Sie nicht?«

Dem Mann mit Hut lag die Antwort auf der Zunge, er brachte jedoch kein Wort hervor.

Der Engel

Zachariel, ein junger Engel der unteren Ordnungen im Chor der himmlischen Heerscharen, war eingenickt und nach tausend Jahren und vier Monaten wieder erwacht. Da er im Himmel als verlässlich und kompetent galt, wagte er nicht, dem Unaussprechlichen ins Antlitz zu blicken, sondern enteilte verschämt in Richtung Erde. Dort sank er inmitten einer Großstadt auf eine tosende Straßenkreuzung nieder.

Obwohl er sofort schützend die Flügel ausbreitete, um den Fauxpas mit dem Nickerchen wieder gutzumachen, rumste und schepperte es in derselben Sekunde.

»Welcher kostümierte Idiot steht da mitten auf der Kreuzung!?«, brüllte ein Autofahrer, der ein Verkehrsschild umgenietet hatte.

»Sind Sie noch bei Trost, Sie Jeck?«, schimpfte eine Frau, die sich gerade noch auf die andere Straßenseite hatte retten können.

»Bitte zeigen Sie jetzt Ihren Ausweis!«, forderten zwei Polizisten zum wiederholten Mal.

»Ich sagte doch, ich beschütze die Menschen«, wiederholte der Engel gütig, worauf die Organe handgreiflich wurden, aber in die Luft griffen.

Auf der Lichterfelder Brücke sah Zachariel ein Mädchen stehen, das sich eben dem reißenden Fluss überantworten wollte.

»Halt! Nicht!«, rief er und flog schnell herbei.

»Ich sterbe, wann es mir passt«, schluchzte die Göre und sprang.

In der Prinzenallee, es war Nacht geworden, ereignete sich ein Raubüberfall. Beherzt schritt Zachariel ein, wollte den bewaffneten Räuber zu Fall bringen.

»Mischen Sie sich nicht ein!«, warnte der Überfallene. »Das regelt meine Versicherung!«

Zachariel wallte unverrichteter Dinge davon. »Sollte ich etwas versäumt haben, während ich eingenickt bin?«, flüsterte er sich selbst zu.

Vor einem lichtlosen Hauseingang saß ein weinender Junge. Sachte umfing ihn der Engel.

»Lass mich in Ruhe!«, schluchzte das Kind. »Ich glaub nicht an Engel.«

Zachariel nickte und entwich.

Als er in den Himmel zurückkehrte, verstohlen im Chorgestühl der Preisenden Platz nahm, fragte ihn der Nachbarengel schlaftrunken: »War viel los?«

»Döse ruhig weiter«, antwortete Zachariel, »die da unten rufen uns nicht mehr an.«

Die Wahrheit über die Grimms

Vor einem Jahr entdeckte ein Bibliothekar in Krakau die handschriftliche Urfassung der Grimm'schen *Kinder- und Hausmärchen*. Eigentlich hatte der Philologe die Konvolute der Schriftstellerin Ćwierczakiewiczowa sichten wollen – die Zungenbrecherin hatte zahllose Kochbücher und Romane verfasst –, als er auf einen verschnürten Packen im Quartformat stieß. Auch ohne Deutsch zu sprechen, wusste er sofort, dass es sich um selbiges handelte, weshalb er einen Germanisten hinzuzog. Wie nun der Kollege den Fund untersuchte – er wurde dabei weiß im Gesicht –, zeichnete sich eine Sensation ab, die in der Literaturgeschichte nicht ihresgleichen kennt. Der Kollege wusste zufällig, dass in den Kriegswirren Teile der Grimm'schen Schriften nach Krakau gelangt waren. Aber das war nicht die Sensation. Schon beim Durchblättern stellte sich heraus, dass der Schluss so berühmter Märchen wie *Rapunzel*, *Dornröschen* oder *Allerleirauh* mit roter Gallustinte gekürzt worden war. Eine vermutlich fremde Hand musste unmittelbar eingegriffen haben, denn es fanden sich Randbemerkungen wie *Du Babbsack!*, *Lumbeseckel!* oder *Mooomendemaal!*

Nachdem der Germanist wieder zu einer gesunden Gesichtsfarbe gefunden hatte, telefonierte er mit der Grimm-Gesellschaft in Kassel. Noch am selben Abend landeten auf dem Flughafen Johannes Paul II. in Balice drei sehr ernste Herren. Der Lesesaal V blieb bis zum Morgengrauen hell erleuchtet.

Kein Zweifel. Der Quartband war die Urfassung der *Kinder- und Hausmärchen.* Drei graphologische Gutachten ergaben, dass es sich bei der roten Tinte um die Handschrift von Wilhelm Grimms Gattin handelte, die im hessischen Dialekt ihre Bedenken hinzugefügt hatte, weshalb so viele Märchen mit den uns bekannten Worten enden: … *und sie lebten noch lange glücklich und vergnügt.* Die unzensierte Fassung allerdings ließ aus Rapunzel eine *keifende Vettel* werden, aus Dornröschen ein *betrunkenes Schandmaul* und aus Allerleirauh einen *zahnlosen Fressmops.*

Betrug an Generationen von Kindern! titelte ein Boulevardblatt, als der Fund der Öffentlichkeit präsentiert wurde.

Pänk vor dreißig Jahren

»Sag Nostalgie, sag Verklärung, aber früher war alles besser«, äußerte Pänk gegenüber einer Studienfreundin, die er nach Jahrzehnten wiedertraf. Sie saßen im Garten jenes Restaurants, wo sie schon als Studenten gesessen hatten. Pänk kaute an einem Bissen Wiener Schnitzel. Die Brösel der Panade nisteten in den Mundwinkeln des grauen Vollbarts.

»Ja, früher war alles besser«, seufzte die dürre Dame und wendete appetitlos ein Salatblatt.

»Dieses Schnitzel zum Beispiel«, räsonierte Pänk. »Weißt du noch, wie riesig die Schnitzel damals waren? An den Preis darf ich gar nicht denken. Ich habe aufgehört, umzurechnen. Schlecht für den Blutdruck. Und die Kellner! Frech sind sie geworden. Unaufmerksam. Wie lange warte ich jetzt auf mein Bier? Zehn Minuten?«

»Das ist zu lang«, antwortete die Studienfreundin.

»Klischee hin oder her. Früher konnte man die Welt noch gestalten. Man hat etwas riskiert, ohne lange zu fragen. Könnte ich das Rad der Zeit, wie man so sagt, um dreißig Jahre zurückdrehen! Was war ich ein wilder Hund!«

»Du warst ein wilder Hund?«

Pänk führte einen Bissen zum Mund und stutzte. Ihm war, als fühle sich das Kauen plötzlich anders an. Ungläubig strich er mit der Zunge über seine Zähne. Tatsächlich. Nicht einer fehlte. Er tastete nach dem Bart am bartlosen Kinn und blickte verblüfft auf. Ihm gegenüber saß das flachbrüstige Mädchen aus dem Proseminar, in das er sich so verliebt hatte.

»Unbedingt!«, rief die Flache. »Du musst nach Amerika und dort studieren. Das Usenet wird sich durchsetzen. Das ist die Zukunft. Frag mich in dreißig Jahren.«

»Ich bin mir da nicht so sicher. Das kann auch floppen.«

»Dann war es eben eine Erfahrung, Pänk.«

»Ich kenne niemanden in Amerika. Ich müsste ein Stipendium beantragen, ein Visum, eine Greencard. Alles so kompliziert geworden ... Kellner, ich habe vor zehn Minuten ein Bier bestellt! Findest du nicht, dass das Schnitzel kleiner, dafür aber umso teurer geworden ist?«

»Seltsam, Pänk«, sagte die Flache. »Ich hatte gerade ein Déjà-vu. Du warst dreißig Jahre jünger und hattest noch keinen Vollbart.«

Die Ergreifung des Rudolf Höß

Vom sinkenden Monstrum, aus den Kajüten des Ungeheuerlichen, nordwärts, die Ratten. Das Soll an den noch immer Lebenden nicht erfüllt, in liegen gebliebenen Folianten des Todes mit zierlicher Handschrift, nach rechts geneigt.

Endlich: weites, schwarzes Land. Dänemark. Freiheit für Feigheit. Verblichene Namen für neues Leben. Brennt und schneidet aus eurer Haut die Idee. Werft alles weg, das euch verrät.

Nicht unsern Ring. Den Ring nicht, Hedwig. Den gebe ich nicht her.

Der Wind trägt Asche in den ummauerten Garten. Die fahlblaue Sola dunkelt. Und ein faulig-süßer Geruch stört die Apfelblüte. Die Mädchen mit Schlaufenzöpfen und kniefreien Kleidern zwischen Blumen. Wascht gründlicher den Salat. Hedwig, wir reiten den anderen Weg.

Ein Mann in mondlosen Märznächten. Nahe den Stallungen eines sich träge ausbreitenden Bauernhofs. Er schläft unterm Reetdach, wo geschlachtet wurde. Immer kommod, der Franz. Bäuerin Hansen wird wohl beim Klang seiner sanften Stimme. In der Dorfstube schreibt er Matrikel in Folianten. Die Handschrift zierlich nach rechts geneigt.

Motoren. Lastwagen, Jeeps. Scheinwerfer im Schneetreiben. Lichtkegel erhellen das Scheunentor. Männerstimmen, englisch wie deutsch triumphierend. »Wie heißt du?«

Die Phiole. Tod ohne Gericht. Zerbrochen vor zwei Tagen. »Mein Name ist Franz Lang.«

Der Wind trägt Asche in den ummauerten Garten. Wascht gründlicher den Salat. Zieht euch hübsch an, Kinder. Der Onkel Heiner kommt. Hedwig, wir reiten den anderen Weg.

»Warst du Kommandant?«

»Ich heiße Franz Lang.«

»Den Ring! *Her damit oder ich schneide dir den Finger ab!*«

Werft alles weg, was euch verrät. Den Ring nicht. Nicht unsern Ring. Den gebe ich nicht her.

Die Faust im Gesicht. Dreimal und viermal. Blut an der Schläfe, der Nase. Die Gravur im zitternden Licht der Taschenlampe. *Hedwig. Rudolf.*

Der Wind trägt Asche in den ummauerten Garten. Die fahlblaue Sola dunkelt. Die Mädchen mit Schlaufenzöpfen und kniefreien Kleidern zwischen Blumen. *Ich war auch ein Mensch. Ich hatte auch ein Herz.* Hedwig, wir reiten den anderen Weg.

Kunst der Rechtfertigung

Annegritt Beck, die Schauspielerin aus *Land ohne Sehnsucht*, sah sich eines Morgens in unvorteilhaften Schnappschüssen auf den Titelseiten der Gazetten. Aber nicht, weil am Vorabend ihr neuer Streifen angelaufen war (*Land ohne Sehnsucht II*), sondern weil sie dem Fiskus angeblich Millionen hinterzogen hatte.

Die nachteiligen Posen schmerzten zuerst. Dann die Schlagzeile: *Annegritt Beck Millionenbetrügerin?* Sofort rief sie ihre Agentin in Berlin an, und während sie wartete, fiel ihr der Satz eines Journalisten ein, der, als sie ein Interview abgelehnt, süffisant gedroht hatte: »Vergessen Sie nicht, wir haben immer auch etwas Kompromittierendes in den Schubladen unserer Schäfchen.«

»Drecksau«, flüsterte Frau Beck.

Sie erreichte ihre Agentin nicht, telefonierte mit einem befreundeten Schauspieler, der wegen eines Rosenkriegs monatelang in den Boulevardblättern gestanden hatte.

»Was soll ich bloß tun, Michi?«

»Sofort eine Pressemeldung lancieren, die rechtliche Schritte ankündigt«, sagte Michi.

Auch andere Kollegen, Freundinnen, Freunde, ja sogar der Produzent, rieten zu dieser Maßnahme. Frau Becks Ohr, an das sie den Hörer presste, glühte, als sie endlich ihre Agentin erreichte.

»Du unternimmst gar nichts«, sagte die Agentin. »Du fliegst auf die Malediven oder sonst wohin, bleibst dort drei, vier Wochen. Wenn ich jetzt auflege, gehst du nicht mehr ans Telefon und liest keine Mails.«

Annegritt Beck legte auf. Es klingelte.

Luggi Hoon, der Talkmaster höchstpersönlich, konnte die Anschuldigungen nicht fassen und lud Frau Beck in seine Show *Hoon hautnah*. Dort saß sie dann, um ihre Stimme gegen das Unrecht zu erheben, das auf sie gekommen war.

»Sind Sie eine Betrügerin?«, fragte Hoon plötzlich unvermittelt. Die Schauspielerin brach in Tränen aus.

In den folgenden Monaten ließ sie keine Möglichkeit aus, sich zu rechtfertigen. Sie kontaktierte sogar den Journalisten mit den *Schubladen seiner Schäfchen*, der an einem Interview nicht mehr interessiert war.

»Ja, die Beck«, hieß es, als sie vom Verdacht der Steuerhinterziehung freigesprochen wurde.

Benno und die Atome

Benno war ein Narr. Wir Dorfkinder haben fragwürdige Späße mit ihm getrieben. Ihm Fensterladen unter die Arme gebunden, ihm befohlen, vom Heuboden zu springen und davonzufliegen. Er hat es versucht, mit den Armen gerudert, sich unten das Gesicht aufgeschlagen. »Macht nix«, hat er mit blutüberströmter Stirn gesagt. Wir zwangen ihn, eine lebende Blindschleiche zu verzehren, sich mit bloßem Rücken ein Vaterunser lang in einen Ameisenhaufen zu legen. Wenn er bei einer Prüfung zögerte, haben wir mit der *Senge* gedroht, so hieß das Irrenhaus in unserer Gegend. Sofort hat er gehorcht, obwohl es ihn zum Erbrechen würgte oder er vor Schmerz aufjaulte. »Macht nix«, hat er gesagt.

Benno war ein starker Kerl. Hat uns geholfen, den Bach zu stauen und Türen aufzubrechen. Er mochte uns Kinder gern. Und wir ihn. Er war um die fünfzig. Wir neun, zwölf und dreizehn.

Es war die Zeit des Kalten Krieges. Manchmal lief Benno mit einem kleinen Transistorradio herum, das er sich ans Ohr hielt, obwohl es nicht spielte. Dann wussten wir, dass er Angst vor den Russen hatte. Er glaubte, die Russen würden ihm wieder Atome verpassen. Damit meinte er die Elektroschocks, mit welchen er in der *Senge* behandelt worden war. In solchen Phasen war er unzugänglich. Er blickte einen mit leeren, wasserblauen Augen an und reagierte auf kein Wort.

Die Russen kamen wirklich, und zwar an einem Allerseelenabend. Ich weiß es deshalb so genau, weil Benno schrie und heulte wie eine läufige Katze, als er in den Sanitätswagen einsteigen sollte. Er weinte wie ein Säugling. Wir Kinder rannten herbei und sahen zu.

»Sie geben ihm die Atome«, flüsterte meine Schwester. »Wir müssen ihm helfen!«

Ich weiß nicht mehr, wie es uns gelungen ist, Benno zu befreien. Ich weiß nur, dass wir losrannten, die Sanitäter irgendwie ablenkten, worauf Benno in der Schwärze des Waldes untertauchte. Mehr als eine Woche blieb er verschwunden.

Plötzlich stand er wieder vor uns und sagte: »Macht nix.« Er hat noch viele Prüfungen bemeistert, für uns gestohlen und gelogen, Baumhütten gebaut und Bäche umgeleitet.

Die Stimme

Als Herr Krafft ein junger Mann war, wollte er entweder Künstler werden oder sterben. Er liebte alles, was nicht von dieser Welt war. Tante Gerlinde, bei der er aufwuchs, war stärker als der Tod, und so wurde er Vermessungstechniker, heiratete, zog ein Kind groß und versicherte jedem, den das nichts anging, dass er glücklich sei.

Er war sechzehn, als es ihn in ein Konzert verschlug, das zu besuchen er nicht beabsichtigt hatte. Tante Gerlinde hatte nämlich Migräne und übertrug ihm die Eintrittskarte. Also ging er hin, weil er Tante Gerlinde noch nie enttäuscht hatte und niemals enttäuschen würde.

Es war ein Abend, an dem Musik aus der Zeit Karls V. erklang. Alte Sachen. Lustlos lauschte er dem Fideln, Schnarren und Schnurren sonderbarer Instrumente mit langen Hälsen und eigenartigen Bauformen. Bis eine junge Sängerin das Podium betrat, in deren Stimme er sich augenblicklich verliebte. Genauer gesagt in die leise Koketterie, in das Unbegreifliche, das in dem Gesang mitschwang. Überdies war sie schön, diese Spanierin mit dem langen, pechschwarzen Haar, dem roten Mund und den Augen weit wie die Milchstraße.

Nach dem Konzert taumelte Krafft wie betrunken durch den städtischen Park. Das Herz schlug ihm bis an den Hals. In den folgenden Monaten sammelte er alles, was er über Carmen Esteban finden konnte. Er machte ihre Agentur ausfindig – das Internet war damals noch in den Kinderschuhen –, verschickte eine Autogrammwunschkarte, erhielt aber nie eine Antwort. Mit den

Jahren vergaß er Carmen Esteban und studierte Geodäsie.

Es geschah, dass Tante Gerlinde, nunmehr in den Neunzigern, eine ihrer Migräneattacken erlitt. Also ging Herr Krafft statt ihrer ins Konzert. Er kämpfte gegen den Schlaf und gegen substanzlose Scarlatti-Arien. Außerdem outrierte die Solistin grauenvoll. Etwas irritierte ihn plötzlich. Er warf einen Blick in das Programmheft und erschrak. Nach dem Konzert taumelte Herr Krafft nicht wie betrunken durch den Stadtpark, sondern setzte sich in den Bus, fuhr in die Rosenstraße, um sich nach Tante Gerlindes Befinden zu erkundigen.

Die Gutkuh

Zwei Kühe lagen wiederkäuend auf einer blühenden Frühlingswiese.

»Schon erschreckend, wie wir mit Mutter Natur umgehen«, sagte Wetty und verkniff sich einen Pups.

»Bin ich vielleicht vollgefressen«, antwortete Dora. »Der Klee schmeckt heuer vorzüglich. Die neue Saatmischung. Der Hammer!«

»Ja, brülle es in die Welt hinaus, damit es gleich alle hören! Darf gar nicht dran denken, was wir da fressen. Stickstoffe, Schwermetalle, Kalium, Magnesium, Schwefel … Vom Trockenfutter rede ich noch gar nicht.«

»Von dir lasse ich mir den Appetit nicht verderben«, entgegnete Dora trotzig und rülpste demonstrativ.

»Weißt du, was du gerade getan hast?«

»Gerülpst, meine ich.«

»Du hast Methan verbreitet. Treibhausgas. Bei jedem Rülpser stirbt ein Baum am Amazonas. Bei einem Furz zwei. Abgesehen davon, dass es nicht gerade von einer guten Kälberstube zeugt.«

»Soll es mir den Bauch zerreißen? Darf man nicht mehr rülpsen und furzen?«

»Du sollst nicht gleich jeder Regung freien Lauf lassen. Das will ich sagen. Methan richtet mehr Schaden an als Kohlendioxid. Experten sprechen davon, dass Kühe zu den eigentlichen Klimakillern zählen.«

»Woher willst du das wissen?«

»Hab's in der Zeitung gelesen, die am Weidezaun lag.«

»Seit wann kannst du lesen? Dachte, wir sind halbblind.«

»So reden Banausen und Ignoranten. Man kann an sich arbeiten und es weit bringen im Leben. Aber weil jede Kuh – bei dir muss ich mich leider unmissverständlich ausdrücken – auf alles scheißt, ist die Welt eben wie sie ist. Bedroht. Vor dem Kollaps. Eigentlich ist es zu spät.«

Dora widersprach nicht länger, sondern beschloss, das Gesagte sacken zu lassen und in sich zu gehen, wenn sie in den Stall getrieben würden.

Am anderen Morgen war ein Geschrei, ein Gerenne und Gewese auf dem Hof. Der Bauer fluchte laut. Der Tierarzt kam, dann der Tierverwerter. Wetty lag tot im Stall mit aufgetriebenem Bauch.

»Sie war einfach zu gut für die Welt«, muhte Dora und schluchzte. Auf der blühenden Frühlingswiese wurde sie nicht mehr froh. Wetty fehlte, auch wenn diese Nervensäge einem alles vergällt hatte.

Sich nicht entrinnen

Ignatius von Loyola soll unter dem Gefühl stetiger Herabwürdigung gelitten haben. Er war von baskischem Adel, das letzte von zwölf Kindern. Die Mutter starb kurz nach seiner Geburt, der Vater, als der Junge sechzehn war.

Die Empfindung der Zurücksetzung hatte für Loyola schon als werdender Offizier fatale Folgen, als er bei der Belagerung Pamplonas seine Hauptmänner zum Durchhalten um jeden Preis angefeuert hatte. Er soll geflucht haben wie der Satan selbst. Die Nichtaufgabe der Stadt führte zu einem Blutbad. Die explodierende Munition einer Kartaune schoss ihn selbst zum Krüppel. Das zerschmetterte Bein musste mehrmals geschient und wieder gebrochen werden. In der Abgeschiedenheit von Montserrat legte er die Generalbeichte ab. Für die Niederschrift seiner Sünden soll er drei Tage gebraucht haben. Dann glaubte er seine Dämonen besiegt, legte noch am Altar Kürass und Degen ab, zog in Sackleinen davon und wurde auf vielen Wegen und Irrwegen zum Ordensgründer.

Noch zu Lebzeiten galt er seinen Gefährten als heiliger Mann, den nichts mehr anfocht und der es in der Unterscheidung der Dämonen zu höchster Klarheit gebracht hatte. Nie soll er gezaudert haben, ungerecht oder aufbrausend gewesen sein. Er schien nicht mehr von dieser Welt.

Als Papst Paul III., der große Förderer des Jesuitenordens, starb, befürchtete Loyola, der den Nepotismus der Kurie kannte, dass Kardinal del Monte als Kompromisskandidat gewählt werden könnte. Tag und Nacht flehte er zu Gott, es nicht geschehen zu lassen. Del Monte wurde Papst.

Ein Mitbruder überbrachte die Nachricht. Der heilige Mann nickte und erbat sich etwas Bedenkzeit. Plötzlich hörten die Gefährten einen Lärm, der ihnen Angst einflößte. Ein Brüllen und Fluchen wie Satan selbst, eine ganze Stunde lang. Dann herrschte unheimliche Stille. Kurz darauf hinkte Ignatius aus der Zelle und begehrte mit heiserer Stimme zweierlei: zu beichten und dem neuen Papst in großer Freude gratulieren zu dürfen. Del Monte, Julius III., den Loyola hatte wegbeten wollen, wurde zum maßgeblichsten Gestalter des Tridentiner Konzils.

Liebe Nachbarn

Je tiefer die Konquistadoren bei der Plünderung Nordamerikas nach Westen vorstießen, auf desto mehr Bewohner trafen sie. Die Eroberer berichteten von einem sagenhaften Land, das mit Städten der Größe des damaligen Madrid oder London durchzogen war, von tausenden von Kanus, die flussauf-, flussabwärts paddelten. Die Stämme unterhielten je nach Eigenart Farmen, Tiergehege, Maisfelder, Obstgärten und Fischteiche. Wenn die Mordbuben und später die Kolonialisten bei den gewaltsamen Landnahmen auf neue Völker stießen, fragten sie zumeist ihre mitgeführten indigenen Übersetzer, wie die Artgenossen denn heißen. Da sich Nachbarn bekanntlich nicht immer gewogen sind, waren die Bezeichnungen nicht eben schmeichelhaft. Tatsächlich tragen die meisten Stämme Namen, die von gehässig nachredenden Anwohnern herrühren.

Die Choctaw nannten ihre Nachbarn Atakapa. Das bedeutet in der Sprache der Choctaw Menschenfresser. Heute legen die Atakapa Wert darauf, Ishak genannt zu werden, was Mensch bedeutet.

Die Komantschen haben ihren Namen von den Utah. Das Wort *komántcia* meint bei den Utah Feind. Heute legen die Komantschen Wert darauf, Nemene genannt zu werden, was Mensch bedeutet.

Die Shoshonen erhielten ihren Namen von den Blackfoot. Shoshone bedeutet in der Sprache der Blackfoot Fußgeher, weil Letztere bereits über Pferde verfügten. Die Shoshonen legen heute Wert darauf Nime genannt zu werden, was Mensch bedeutet.

Die Zuñi nannten ihre Nachbarn Apachen. Bei den Zuñi ist das Wort *apachù* gleichbedeutend mit Feind. Die Apachen legen heute Wert darauf, Inde genannt zu werden, was in ihrer Sprache Mensch bedeutet.

Eine Gruppe des Navajo-Stammes wurde von den Tewa höhnisch *Tsa Dei'alth* genannt, was *jene, die Steine kauen* bedeutet. Die Navajos sollen beim Kämpfen Kieselsteine im Mund zermalmt haben. Heute legen die Navajo Wert darauf, Diné genannt zu werden, was Mensch bedeutet.

Die Sioux verdanken ihren Namen dem Volk der Dakota. Sioux bedeutet *kleine Schlangen*. Die Sioux legen heute Wert darauf, Anishinabe genannt zu werden, was so viel bedeutet wie … Richtig.

Rechts und Links

Ein linker Schuh suchte das Gespräch mit einem rechten Schuh. »Wie komme ich zu dieser seltenen Ehre? Ich dachte, mit mir reden Sie nicht.«

»Ich rede auch nicht mit Ihnen. Ich sondiere nur«, dämpfte der linke die Hoffnung. »Sollte die Unterredung scheitern, möchte ich das Folgende festhalten: *Ich* bin den ersten Schritt auf Sie zugegangen, nicht umgekehrt.«

»Wenn Sie mir dabei nicht fortwährend auf den Fuß getreten wären – bitteschön!«, lachte der rechte.

»Sehen Sie! Schon machen Sie das Ansinnen lächerlich! Wie soll da ein konstruktiver Dialog entstehen, wenn Sie jedes Wort ins Groteske ziehen?«

»Ach, ihr Linken seid ja sowas von humorlos«, bemerkte der rechte.

Und sie schwiegen wieder, gingen unentwegt aneinander vorbei.

Die Zeiten waren lau. Die Schuhe, die den Mann trugen, der sie trug, verloren an Profil.

»Früher, ja früher, da konnte man noch unterscheiden zwischen rechts und links«, äußerte der rechte Schuh in Selbstgespräche vertieft.

»Das bemerkt der Richtige«, knarzte der linke. »*Sie* haben meine Gangart kopiert, nicht ich die Ihre!«

»Achwas. So rechts wie Sie mittlerweile stehen ...«

»*Sie* stehen links. Nicht ich stehe rechts.«

»Ausgekochter Schwachsinn. Sie wissen schon lang nicht mehr, wo rechts ist und wo links.«

Sie stritten und rangen um Positionen, bis der Mann

stolperte, hinfiel und eine Prellung am Steiß erlitt. Als er genesen war, fand er die alten Schuhe untragbar, warf sie in die Tonne, wählte ein neues Paar.

»Das waren schon tolle Zeiten, als wir noch den Weg bestimmten, nicht wahr?«, flüsterte der linke Schuh im Dunkel der Tonne.

»Ja, tolle Zeiten waren das. Wir hätten vielleicht mehr Konsens finden sollen, manchmal einfach geradeaus gehen, in der Mitte.«

»Ein drittes Bein? Wie hätte das denn ausgesehen?«

Und sie lachten schallend.

Die Zeiten wurden rau. Der neue linke Schuh sagte zum neuen rechten: »Mit einem, der so weit rechts steht, ist es unmöglich zu gehen«, worauf der rechte parierte: »Mit einem, der so weit links steht, ebenso. Den Spagat schafft keiner.«

Und fortan gingen sie schweigend aneinander vorbei.

Tolja oder Slava?

Sie teilten alles miteinander. Die feuchtkalte Wohnung, die abgezählten Kartoffeln, den Wodka und die Mädchen, die sie mit ihrem virtuosen Klavierspiel auf einem verstimmten *Förster* eroberten. Während der eine übte, stahl der andere Holz in Moskaus Hinterhöfen. Sie waren junge Männer in abgetragenen schweren Mänteln mit einer Wut im leeren Bauch, einer Überheblichkeit, die jeder Grundlage entbehrte, und traumatischen Erlebnissen, über die sie nie wirklich miteinander redeten. Anatoly Vedernikov und Svjatoslav Richter.

Begegnet waren sie einander am Moskauer Konservatorium, wo sie Aufnahme in die Klavierklasse von Heinrich Neuhaus fanden. An sich schon eine Auszeichnung, die Hoffnung auf Karriere machte, vielleicht gar im Ausland.

Ihre Darbietungen kannten noch wenig Nuancen. Technische Fertigkeit, das Unspielbare spielbar zu machen, war beider ausschließliches Ziel. Es schien, als hämmerten sie endlos gegen das Unrecht an, das Stalin ihren Familien angetan hatte. Vedernikovs Vater war bei einer *Säuberung* erschossen worden, Richters Vater aus Odessa ebenso.

Aber Neuhaus, der gelernt hatte, die Willkür zu ertragen, ohne zu resignieren, lehrte die Studenten, die Freiheit in den leisen Tönen zu suchen, in der Differenzierung. Er wurde Toljas und Slavas Ersatzvater. Wenn sie gemeinsam auftraten, war kaum zu unterscheiden, wer spielte. Sie galten als ebenbürtig, wenngleich viele den jüngeren Vedernikov für ausdrucksstärker und tiefgründiger hielten.

Es kam zu einem großen Klavierwettbewerb, an dem

beide teilnahmen. Slava holte den ersten Preis. Tolja erreichte nicht einmal die dritte Runde. Während Richter eine Weltkarriere antreten sollte, die es bis dahin in der Sowjetunion nicht gegeben hatte, spielte Vedernikov ein Leben lang in Schulen und drittklassigen Konzertsälen. Er zerbrach nicht daran, wie die Aufnahmen dokumentieren, die er für das staatliche Plattenlabel *Melodija* gemacht hat. Sein Spiel wurde immer verhaltener.

Und Richter? In seinem überhaupt letzten Interview, das er gegeben hat, resümierte er: »Ich habe mich nie gemocht.«

Unter uns

Sepp Gießauf von *Gießauf Logistics* lud zum Abschied in den Ruhestand. Er mietete eine ganze Hoteletage. (»Dürfen wir Ihnen eine Sonderkondition anbieten?«) Für die Showeinlagen hatte er den Schlagerstar Miko verpflichtet. Punkt Mitternacht wollte Herr Gießauf das Zepter an seine Söhne übergeben. (»Der Drecksack wird noch im Sarg die Firmenbücher lesen wollen.«) Es sollte ein unvergesslicher Abend werden.

Kurz vor Glockenschlag sülzte Miko seinen Hit *Herzgefühl* (»Ich Depp hätte das Dreifache verlangen können!«), was den spröden Gießauf zu Tränen rührte. Er betrat das Podium, setzte die Lesebrille auf, faltete ein Blatt auseinander. (»Wetten, gleich bringt er den dämlichen Montagswitz!«) Die Gäste erhoben sich spontan, bedachten Gießauf mit langem Applaus.

»Geschäftspartner, Mitarbeiter, Familie, geliebte Berti! (»Mit Liebe hat das seit fünfzig Jahren nichts mehr zu tun.«) Sicherlich erwarten jetzt alle den Montagswitz. Den werde ich mir brav verkneifen …« Gelächter unterbrach die Rede. »Wenn heute auf sämtlichen Transitrouten Europas unsere bischofsvioletten Sattelzüge unterwegs sind (»Was hat der Geizkragen Jahre lang Fahrtenschreiber manipuliert!«), denke ich an die Anfänge zurück. Kalle, erinnerst du dich noch an den blauen *Hanomag*? (»Er hat den Weibern nachgestellt, und ich musste fahren.«) Aber bevor ich anfange, will ich darüber sprechen, wie ihr über mich denkt.« Irritierte Belustigung wogte auf. »Ich weiß, dass mich meine Söhne für ein Arschloch halten, das nicht loslassen kann. Es ist wahr, Berti, dass unsere Ehe mit Liebe schon lange nichts mehr zu tun hat. Mit dir, Kalle, konnte man nicht arbeiten, so wie du gesoffen hast. Meine Fernfahrer haben mich betrogen, wo sie nur konnten. Sie, lieber Herr Hoteldirektor, verstehen unter Sonderkondition das Doppelte, und Miko, Sie hätten das Fünffache verlangen dürfen. Ich hätte es bezahlt …« Die Tischgesellschaft vereiste. »Ehe ich jetzt ins Detail gehe«, fuhr Gießauf fort, »so ganz unter uns, will ich euch einen Witz erzählen: Wie nennt man Menschen, die montags gut gelaunt sind?«

Katjuscha

In der Kreisstadt Susdal im Gouvernement Wladimir lebte eine junge Wäscherin, Katja mit Namen. Sie war nicht schön, aber sie hatte ihr Geheimnis. Jeden Samstag ging Katja mit den anderen Frauen zum Siedehaus an der Kamenka, um die Wäsche zu waschen. In der Nähe stand eine Kaserne, wo Dragoner stationiert waren. An freien Tagen flanierten die Soldaten wie Pfauen am Ufer des Flüsschens auf und ab und pflegten mit den Wäscherinnen zu scherzen. Schon lange hatte Katja einen von ihnen ins Auge gefasst, Leutnant Blimow, der ihr deshalb so gefiel, weil er kein Aufhebens um sich machte.

»Mädchen, was ist das für eine Blume in deinem Haar?«, sprach eines Tages just dieser Blimow zu Katja.

Sie errötete und sagte, dass es eine Iris sei, hielt sich vor Aufregung die Hand vor den Mund.

»Eine Iris, wie apart«, erwiderte er, knöpfte den Waffenrock auf und wanderte weiter.

Katja schlug die Augen zu Boden und schämte sich. Das hat er wohl spöttisch gemeint, dachte sie, zupfte die Blüte aus ihrem Haar und warf sie in den Fluss.

Der Sommer kam. Wie jeden Samstag wusch Katja die Wäsche am Ufer der Kamenka. Da begegnete ihr wieder der Leutnant.

»Dieses weiße Kleid steht dir gut, Mädchen. Wie heißt du?«

»Katja«, antwortete sie mit heftigem Herzklopfen.

»Ich nenne dich Katjuscha.« Blimow lächelte und ging weg.

Das hat er wohl gesagt, weil er anständig ist, aber Weiß steht mir nicht. Und so trug sie nur noch Schwarz. In den Nächten verzehrte sie sich nach dem Glanz seiner teebraunen Augen und dachte daran, wie sie Blimows Liebe gewänne.

Der Herbst kam. Der Dragoner spazierte nun jeden Samstag zum Waschhaus.

»Reizend ist dein langer blonder Zopf, Katjuscha.«

Noch am selben Abend schnitt sie den Zopf ab.

Der Krieg kam. Das Regiment sollte verlegt werden. Erste Schneeflocken tanzten in der Luft. Blimow, diesmal in Begleitung eines Offiziers, ging grußlos an Katja vorbei.

»Sie gefiel mir«, flüsterte er zum Offizier. »Aber sie hat sich bis zur Unkenntlichkeit entstellt.«

»Warum das?«, fragte der Freund.

»Ich weiß es nicht«, sagte Blimow und knöpfte den Rock zu.

Das Gewicht

Zu den wunderlichen Erinnerungen meiner Kindheit zählt ein Mann, den sie im Dorf Cargo nannten. Die Begebenheit liegt weit zurück und ereignete sich, da unsere Bergstraße noch nicht asphaltiert war, sondern ein Schotterweg.

Wir Kinder bemerkten den Fremden zuerst. Anfangs schritt er wöchentlich durchs Dorf, dann täglich, am Ende zweimal am Tag. Er grüßte nicht, sprach mit keinem, starrte immerzu auf die Straße, blieb nirgendwo stehen, nicht einmal beim Dorfbrunnen, obwohl ihm der Schweiß vom Kinn tropfte. Er war uns unheimlich, zumal er ein grimmiges Gesicht machte, weshalb wir nicht wagten, ihn anzusprechen.

Das war noch nichts Besonderes. Das Kuriose war sein Rucksack. »Was für ein Schafskopf!«, spotteten die Männer im Gasthaus. »Er füllt Steine in den Rucksack, damit er leichter den Berg hochkommt.«

Tatsächlich trug er Felsbrocken spazieren. Manchmal ragten dicke Buchenäste aus dem Rucksack, die ihn so niederbeugten, dass man sein sonnengegerbtes Gesicht nicht mehr erkennen konnte. Mit der Zeit gewöhnten wir uns an ihn, und bald gehörte er zum Dorfbild wie manch anderer, nicht minder seltsame Kauz.

Es regnete in Strömen. Mein Vater, mein Bruder und ich waren gerade dabei, eine entlaufene Kuh auf die Wiese zurückzutreiben. Da sahen wir Cargo mit nacktem Oberkörper auf der Brunnenbank sitzen, neben sich eine Kraxe mit Bachrundlingen. Er schien mit jemandem zu reden, der nicht da war. Vater schickte uns ins Haus, aber wir versteckten uns hinter einem Holzstoß. Dort hörten wir, wie sich Cargo anklagte. »Ich kann dich nicht tragen! Ich kann dich nicht tragen!«, jammerte er. Vater redete mit ihm. Weil der Regen so prasselte, konnten wir nichts verstehen.

Seit jenem Tag sahen wir Cargo nicht mehr. Später ging das Gerücht, er sei der Alpinist Walter Kauner gewesen, dessen Sohn an einer Firnflanke ums Leben gekommen war. Kauner habe das Gewicht seines Sohnes nicht mehr halten können. Darum habe er angefangen, Steine mit sich herumzutragen. Als ich meinen Vater fragte, ob das stimme, antwortete er: »Wir reden darüber, wenn du größer bist.«

Die Liebesbriefe der Frau Melchow

In der Zeit, da noch Briefe geschrieben und zum Postamt getragen wurden, gab es in der Stadt ein Kurzwarengeschäft. Es gehörte den Melchows, einem kinderlosen Ehepaar, das aus Deutschböhmen vertrieben worden war. Frau Melchow, eine zartgliedrige Person mit streng geknotetem Haar, rosigem Gesicht, aber müden Augen, stand über vierzig Jahre hinter dem Ladentisch und verkaufte Knöpfe, Zwirne, Nadeln und Reißverschlüsse. Man wusste nicht viel über sie, außer dass sie sich gewählt ausdrücken konnte und in geradezu hündischer Unterwürfigkeit zu ihrem Mann aufblickte. Jener hingegen war stadtbekannt – ein schöner, gepflegter Mensch, der im Ruf stand, ein Frauenheld zu sein, weshalb man ihn den *Gable von hier* nannte.

Einmal in der Woche trug Frau Melchow die Geschäftskorrespondenz zum Postamt. Da bemerkte sie am Schalter einen Briefumschlag, auf dem sich ein hässlicher Kaffeefleck ausgebreitet hatte. Was macht das für ein Bild?, dachte sie und behielt den Brief zurück.

Zu Hause öffnete sie das Schreiben, um es in einen neuen Umschlag zu stecken, aber der Kaffee hatte auch das Briefpapier ruiniert. Plötzlich stutze sie und begann zu lesen. Da standen die Worte: *Libste Elfi, ser vermise ich deine Küsse den Atem deiner Erregung wen sich die Brüst hochhheben! Wie du mir felst!*

Frau Melchow, die natürlich wusste, dass ihr Mann sie betrog, las den Brief noch einmal und schämte sich. Dann ließ sie die Zeilen in einer Schublade der Ladentheke verschwinden.

Nachts lag sie wach, wartete, bis ihr Gatte eingeschlafen war, nahm seine Füllfeder und begann, dessen Liebesbotschaft in seiner Handschrift neuzuschreiben. Wieder stieg ihr die Schamesröte ins Gesicht, weil der Brief nur so von Fehlern strotzte. Als sie ihn reingeschrieben hatte, steckte sie ihn in ein blankes Firmenkuvert. »Wir sind kultivierte Leute«, flüsterte sie und beschloss, nunmehr ein Auge auf die Orthografie ihres Mannes zu werfen, besonders bei wichtigen Dokumenten.

Anderntags trug sie den Brief zum Postamt. Im Laden war sie vergnügt und scherzte mit der Kundschaft, was sie selten tat.

Das Gelübde von Goms

Über die Südabdachung der Berner Alpen im Kanton Wallis wälzt sich ein gewaltiger Eisstrom, dessen zerklüftete Zunge bis ins Rhonetal hinableckt. Der Aletschgletscher ist der größte und längste der Alpen und gehört aufgrund seiner Einzigartigkeit zum Weltnaturerbe.

Während der Kleinen Eiszeit begann sich der Gletscher immer weiter auszudehnen, kalbte mit großen Eismassen in den Märjelensee, was zu verheerenden Überschwemmungen führte, weshalb die Bauern von Fiesch ein Gelübde ablegten, fortan tugendhaft zu leben, weder des Nächsten Kuh noch Weib zu begehren, sondern eifrig zu beten, dass der Gletscher sein Wachstum einstelle. Das Gelübde wurde von Innozenz XI. in Rom anerkannt. Seit dreihundert Jahren pilgern deshalb die Fiescher jeweils am 31. Juli in einer sechsstündigen Prozession zur Kapelle im Ernenwald. Die Gebete wurden erhört, das Bauernvolk blieb von Überschwemmungen verschont.

Nun scheint das Gelübde aufgrund der Erderwärmung obsolet geworden. Schlimmer noch, der Aletschgletscher zieht sich seit Jahrzehnten zurück, fünfzig Meter pro Jahr. Das beunruhigte den Präfekten der Gemeinde Goms, weshalb er ein gründliches Überdenken der Gebete forderte. Umkehren müsse man den Wortlaut und jetzt für ein Anwachsen des Gletschers flehen.

Deshalb reiste im Jahr 2009 eine kleine Walliser Delegation nach Rom und teilte Papst Benedikt XVI. mit, wo der Schuh drückt. Der Papst nickte freundlich, lächelte und murmelte fortwährend »Schön, schön«, wie er es immer zu tun pflegte, wenn ihn etwas kolossal nervte. Dann verschwand er hinter einer monumentalen Renaissancetüre.

Aber schon im August des folgenden Jahres wurde das Gesuch im Vatikan bewilligt. Das Problem der Erderwärmung ist seitdem fester Bestandteil der Fürbitten. Das Gelübde wurde umgeschrieben. Man singt und betet neuerdings für das Anschwellen des Gletschers. Der Passus, weder des Nächsten Kuh noch Weib zu begehren, wurde leicht modifiziert. Es heißt jetzt Frau anstatt Weib. Ob das Gelübde Wirkung zeigt, könne man erst in einigen Jahrzehnten beurteilen, meint der Präfekt von Goms.

Schuhe für jeden

Zu der Zeit, als ein Handschlag noch ein Kontrakt war, lebte in den Bergen des Aspromonte ein Mann, der so arm war, dass er sich keine Schuhe leisten konnte. Dabei war Acacio Schustergeselle. Ein Leichtes wäre es gewesen, sich aus den Lederresten in der Werkstatt Schäfte zu nähen und Schuhwerk zu nageln. Acacio tat es nicht, weil ihm weder das Leder gehörte, noch die Holznägel, weder Hammer noch Rundahle. Er jammerte nicht, dass er barfüßig über steinige Karrenwege gehen musste. Ihn bedrückte, dass die Kinder im Dorf keine Schuhe hatten.

In einer Mainacht, da sich gar viele Sternschnuppen über den kalabrischen Himmel ergossen, hatte Acacio einen Traum. Er werde die winters frierenden und sommers brennenden Kinderfüße besohlen. Er wusste auch, wie er es anstellen sollte.

Als er zur Messe ging, blickte er statt zum Altar auf die Schuhe der Männer und nahm Augenmaß. Pressiert lief er heim, machte Notizen, bat am anderen Morgen den Meister, ihm Leder für vierzehn Paar Schuhe vorzustrecken. Der grinste nur. In seiner Ratlosigkeit wandte sich Acacio an Bippo Bessoni, der einiges auf dem Kerbholz hatte.

Wenige Wochen später stand Acacio mit einem Handkarren beim Campanile und überreichte den Männern je einen linken Schuh. Dabei schwor er mit erregter Stimme, er werde allen, die ihn zum Bürgermeister wählen, den rechten Schuh nachliefern.

Er wurde einstimmig gewählt. In Acacios Freude mischte sich ein banges Gefühl, das Versprechen nicht halten zu können, weshalb er um mehr Lederhäute wieder zu Bessoni lief. Dieser schlug einen Handel vor. Wenn Acacio bei allen Entscheidungen die 'Ndrangheta miteinbezöge, gelte das Geschäft. Er selbst wolle die Schuhe gerecht verteilen. Der Geselle schlug ein, dachte dabei an die Kinder. Nächtens hämmerte und nähte er, bis ihm die Augen zufielen. Am Mittag holte Bessoni die je fertigen Paare ab.

Im Herbst verschwand Acacio spurlos. Bessoni mit den Schuhen ebenso. Die Kinder heulten nicht, weil sie barfüßig über spitzsteinige Karrenwege gehen mussten. Sie weinten, weil sich Acacio nicht mehr mit ihnen abgab.

Gelbgold und Weißgold

Zwei einander nicht näher bekannte Eheringe lagen beim Juwelier, wo sie eingeschmolzen werden sollten.

»Da schau her! 750er Weißgold. Man konnte sich also was leisten«, sagte der Gelbgoldene.

»Ich bin traurig«, seufzte der Weißgoldene.

»Warum?«

»Weil die Zeit so kurz war.«

»Wie lange warst du verheiratet?«

»Fünfundfünfzig Jahre.«

»Horror. Mann oder Frau?«

»Brigitte.«

»Karl. Freut mich. Hast dich tapfer gehalten. Kaum Abrieb.«

»Dabei hat sie mich nie vom Finger gestreift. Nicht eine Minute lang. Sie führten eine wunderbare Ehe. Natürlich gab es Meinungsverschiedenheiten. Wo gibt es die nicht? Aber sie konnten sich aufeinander verlassen. Er war die Liebe ihres Lebens. Sie begehrten sich noch bis ins hohe Alter. Für ihn wäre sie durchs Feuer gegangen …«

»Das wirst du jetzt so oder so. Der Tiegel glüht schon.«

»Und du, Karl?«

»Ich bin froh, dass es vorbei ist.«

»Scheidung?«

»*Er* wollte die Trennung. Möchte ich gleich klarstellen.«

»Darf man fragen?«

»Sie war nicht die Richtige. Er hat sie nicht mehr geliebt.«

»Ach, die jungen Leute! Zu schnell werfen sie alles weg.«

»Besser, als sich ein halbes Jahrhundert lang die Hucke voll lügen.«

»Wie soll ich das verstehen?«

»Tschuldigung.«

»Willst du mir etwa unterstellen, dass ich lüge?«

»Natürlich nicht.«

»Hör mir mal gut zu ...«

»Hab mich ja entschul ...«

»*Ich* rede! Von der ersten Stunde an hat er sie belogen und betrogen. Sie hat es runtergeschluckt. Da waren die Kinder. Die Schulden. Aber irgendwann hat sie mich abgestreift und nie mehr getragen. Ich landete in der Schmuckschatulle. Er hat es nicht einmal bemerkt. Zwanzig Jahre hat er es nicht bemerkt ...«

Dem Weißgoldring versagte die Stimme, und er begann zu weinen. Das rührte den Gelbgoldring sehr. Er schämte sich, auch geflunkert zu haben.

»Ich war nicht ganz ehrlich zu dir. In Wirklichkeit hat *sie* die Scheidung eingereicht. Er liebt sie noch immer. Sie wollte ihn ja lieben können, aber das ging eben nicht. Sie taten einander weh.«

Da warf ein feuerfester Handschuh seinen Schatten über die beiden Ringe und stieß sie in den Graphittiegel.

Heimweh daheim

Mein Engel ist fortgegangen, mein Engel aus den jurassischen Bergen. Da ging eine große Hand über mein Gesicht, und ich wurde müde, müde, herzensmüde. Meine Gedanken verdunkelten, das Leben verdämmerte, die Sehnsucht fraß meinen Tag.

Die Liebe war ihm abgebrochen. Ich dachte, schwerelos zu sein für zwei, aber wir stürzten und fielen in die Geografie einer unbekannten Nacht. Er hatte kleine, vornehm sprechende, immer kalte Hände. Zur Geburtszeit fürchtete der Arzt, der Engel müsse ersticken. Die Nabelschnur hatte sich um Hals und Kopf verwickelt. Es soll plötzlich still geworden sein im Kreißsaal von Vevey, und das Gesicht des Engels blau wie der gekachelte Boden.

Als er fort war, glaube ich, verarmte ich. Mir schwand das Talent, das wirkliche: mit Wörtern in den Schmerz eines anderen zu greifen. Im längst ausgewachsenen Gesicht plötzlich geweitete Kindsaugen zu entfachen. Ich meinte Nähe, er nannte es nur Kränkung. Mir schwand die Kraft, die Fehler zu machen, die alten. Ich verlor den Mut, Menschen zu verlieren, den Stolz, Schwert zu sein, nicht Umarmung.

Ich, das verschenkte, schnellredende Kind von den Heuböden meines Vaters, das von den Stortzen gemähter Wiesen zerstochen, vom Staub der Heublumen angegraut, nachts im Bett lag, Heimweh hatte daheim. Und das Alleinsein nicht preisgab, noch den Kummer. Und nicht bereute, was in jener Welt Lüge hieß und doch Wirklichkeit war in einem überwachen Kindeskopf.

Ich schlief, verschlief wohl viele Jahre. Als ich erwachte und noch immer lebte, blickte ich hinauf zu den schneebereiften, fünfgeschossigen Tannen von Meschach. Plötzlich, ich weiß nicht wie, verging die Sehnsucht nach meinem Engel wie Morgennebel. Die Nacht war aus.

Nicht länger hoffnungslos, nicht länger wertlos, nicht länger die Wahrheit um- und um- und umwenden, nicht länger mächtig sein und bestaunt und uneinnehmbar für jeden. Wieder einem Engel entgegenfallen.

Ich stand auf, Heublumenkind, kletterte hinauf auf die stortzigen Wiesen und beschloss, die Welt noch einmal zu entwerfen, wider besseres Wissen, wider die Resignation.

Wiederkehr

Generationen lang lebte das Geschlecht der Troy am Nordhang eines bekannten Wintersportortes. Das uralte Steilgehöft mit dem sonnengeschwärzten Balkenstrickwerk ist jetzt ein Heimatmuseum. Unmittelbar daneben erhebt sich ein Hotel mit flachem, weit auskragendem Satteldach. Das *Chalet Troy* ist die feinste Adresse im Ort. Es hat Könige beherbergt, Möchtegerne, Milliardäre, Bankrotteure. Frischverliebte und Selbstmörder.

Die Troys waren nicht immer vermögend. Noch in den vierziger Jahren litt die Bauernfamilie solchen Mangel, dass sie sich die Elektrifizierung des Hofs nicht leisten konnte. Die schattigen Nordwiesen warfen wenig ab. Um die vorige Jahrhundertwende soll gar ein Troy auf dem Hof verhungert sein.

Im Gegensatz zu den Andrins auf der sonnenbegünstigten Seite. Dort sind die Wiesen sanft und ertragreich, weshalb die Andrins von jeher vermögend waren. Im Stall brannte die erste Glühbirne, man besaß das erste Automobil im Dorf.

Mitte der fünfziger Jahre wurde die Region für den Tourismus erschlossen. Auf dem Antlitz der Berge sprossen Liftmasten wie Bartstoppeln am Kinn eines Riesen. Plötzlich waren die Steilhänge der Troys so begehrt, als wäre man auf Öl gestoßen. Der alte Troy dachte nicht im Traum daran, seinen Besitz an die Liftgesellschaft zu verscherbeln. Er schloss kurzzeitige Pachtverträge ab, die ihn binnen weniger Jahre zum Millionär machten. Dennoch putzte er mittags den Suppenteller mit Brotrinde aus, dass man ihn ungespült in den Schrank stellen konnte, fluchte, wenn seine Söhne Krümel auf den Kuchentellern zurückließen.

Das Dorf wurde reich und weltläufig. Wenn die Saison vorbei war, gingen die jungen Troys in Namibia auf Großwildjagd, unterhielten Domizile in Cannes und Kapstadt.

Aber die Winter wurden milder, die Schneemengen weniger. Das Dorf verlor an Exklusivität. Könige und Suizidgefährdete kamen nicht mehr. Die Troys verspekulierten sich auf dem Immobilienmarkt. Das Konkursverfahren wurde eröffnet.

Vor einem Jahr kaufte ein dänischer Reeder das *Chalet Troy.* Hinter dem Reeder verbirgt sich die Familie Andrin.

Professor Kollried

Im Jahr 1937, am Morgen seines sechzigsten Geburtstags, stand der Philosoph Peter Kollried im Schlafanzug in seiner Bibliothek und beschloss, nie mehr ein Buch zu öffnen. »Großer Irrtum, Licht«, sagte er zum blinden Kater, der auf dem Kanapee döste. »Es muss nicht heißen: *Was kann ich wissen?* Heißen muss es: *Was will ich wissen?* Ich will nichts mehr wissen«, fügte er fast lautlos hinzu, drehte das Licht aus, ging schwerfällig in den Flur, wo er die Morgenzeitung liegen sah. Zum ersten Mal verspürte er kein Interesse, die Schlagzeilen zu überfliegen. In der Küche trötete der Teekessel wie das Mehrklanghorn einer Lokomotive der Deutschen Reichsbahn.

Die Fettleibigkeit und der kahl rasierte Kopf hatten Professor Kollried in der Fakultät den Spitznamen *Butterhegel* eingetragen, vornehmlich unter den Nazistudenten. Wenn er sich auf der marmornen Aulatreppe Richtung Hörsaal hinaufmühte, gefiel es ihnen, ihm zuzurufen: »Herr Professor, dürfen wir Ihnen eine Frage stellen?«

»Aber gern«, antwortete Kollried freundlich. »Bleiben Sie unten, ich komme zu Ihnen!« Dann schwemmte er seine Leibesfülle mit großer Anstrengung wieder die Treppe hinab, was die Studenten offen amüsierte. »Wirst sehen. Eines Tages stolpert er, und die Chose erledigt sich von selbst.«

Nun saß er, der allein geblieben war, bei offenen Fenstern am Küchentisch, schmierte Marmeladenbrote und lauschte dem Rauschen der Linden auf dem Weißenburger Platz. Der verwirrte Stubentiger miaute, fand die Küchentür nicht. »Hier bin ich, Licht! Warte, ich komme zu dir!«

Sie frühstückten gemeinsam. »Die Menschen haben Angst«, sagte Kollried gedankenversunken. »Genau das hätte niemals passieren dürfen. Verstehst du mich, Licht? Jetzt werden sie alles tun, was man ihnen sagt. Wirklich alles.«

Einige Wochen später, am 15. Juni, stürzte Peter Kollried auf der großen Aulatreppe zu Tode. Er soll nicht allein dort gestanden haben, kursierte das Gerücht. Eine Untersuchung wurde nicht eingeleitet. Zu einer Würdigung seiner Lehrtätigkeit kam es nicht, weil sich die Fakultät gerade im Umbruch befand.

Der unbesungene Mr. Houbolt

Es ist der 15. November 1961. Ein mit vierzig Jahren schon völlig ergrauter Mann in tadellos gebügeltem Hemd und schmaler Krawatte sitzt vor einer Schreibmaschine und spannt ein leeres Blatt ein. Er ist wütend, mehr noch verzweifelt, beginnt zu tippen. *Wie ein Rufer in der Wüste* lauten die ersten Worte des neunseitigen Briefes, den der Flugzeugingenieur John C. Houbolt an den stellvertretenden NASA-Administrator Robert Seamans in die Remington hämmert. Der scheue Houbolt weiß, dass er mit diesem Schreiben gegen alle Hierarchien in der streng militärisch organisierten NASA verstößt, sogar seinen Job riskiert. Aber er muss etwas tun, weil er ahnt, dass die Amerikaner niemals einen Menschen zum Mond und wieder zurück befördern werden. Nicht, wenn sie am Plan Wernher von Brauns festhalten, der glaubt, dass eine Rakete von der Höhe eines sechsstöckigen Hauses auf dem Mond landen und wieder zur Erde fliegen kann.

»Ich wünschte, jemand würde diesen Kerl mit der Knarre in meinem Rücken rausschmeißen«, sagt Robert Seamans über den Ingenieur am Langley Research Center in Virginia. *Wollen wir zum Mond oder nicht?*, steht in dem Brief, ebenso das selbst dem dümmsten Amerikaner einleuchtende Argument: *Warum nicht einen Chevrolet kaufen anstatt einen Cadillac? Der Chevrolet kommt genau so gut von A nach B, und in manchen Punkten sogar besser.* Houbolt spielt dabei auf von Brauns Entwicklung der Nova-Rakete an, die er für völlig untauglich und viel zu teuer hält. Es gebe nur einen Weg, den Mond zu betreten, nämlich mittels einer kleinen Mondlandefähre.

Die Wernher-von-Braun-Fraktion winkt ab. Zu riskant. Ein Spinner, der Ho … wie? Was will der? Wer ist das überhaupt? Ein halbes Jahr später, bei einem Meeting in Alabama, verkündet von Braun, dass sich die NASA für das *Lunar-Orbit-Rendezvous* von Dr. Houbolt entschieden habe. Es ist ein Schlag ins Gesicht seiner engsten Mitarbeiter, aber ein heilsamer.

Dass Neil Armstrong den historischen Satz sprechen durfte, ist ein Wunder. Dass Houbolts Brief nicht in Seamans Mülleimer landete, das recht eigentliche.

Die Wut der Steine

Ließ es sich vermeiden, betrat der Bildhauer Baccio Bandinelli den Palazzo Vecchio in Florenz nicht durch das Haupttor. War er in Gesellschaft des Herzogs, schloss er unmerklich die Augen, raffte den Mantel hoch, ging mit zügigen Schritten an den Wachen vorbei in die erlösende Dunkelheit. Zu sehr bedrückte ihn der Anblick von Michelangelos David. Es war mehr als Bedrückung. Es war der augenblickliche Todesstoß, den Bandinelli fühlte, wann immer er vor dem Unbegreiflichen stand. Manchmal währte der Schmerz einige Sekunden und ließ sich schnell abtun, dann wieder Tage. Dieser David, der ihn nicht einmal ansah, war im Begriff, sein, Bandinellis, Haupt zu zerschmettern, nicht das eines allegorischen Feindes.

»Warum tut Größe so weh!?«, soll er seinen Beichtvater im Konvent von San Marco angeschrien haben. Der Dominikanermönch habe keine Antwort gewusst.

In einer abnehmenden Mondnacht – es war etliche Jahre nach der Aufrichtung der Skulptur – kletterte er auf das Postament, warf ein Hanfseil um den Hals des David, zog sich daran hoch und wollte der Figur mit dem Steinmetzhammer das Antlitz zerschlagen. Aber der Mut verließ ihn. Er seilte sich ab, stand bis zum Morgengrauen vor seiner eigenen Verzweiflung da. Er soll vor dem David geweint haben wie ein kleiner Junge.

Dabei hatte Bandinelli als Bildhauer alles erreicht. Die Medici übertrugen ihm die Leitung der Domopera. Michelangelo war der Bittsteller, nicht umgekehrt. Außerdem hatte es Bandinelli durch lukrative Verträge zu

Reichtum gebracht. Die besten Aufträge vergab er an sich selbst.

So die Hercules und Cacus-Gruppe. Durch sie wollte er den Schmerz des Mittelmäßigen überwinden. Aber schon die Zeitgenossen lästerten. Vasari attestierte eine *eminente technische Fähigkeit ohne höhere leitende Idee*. Cellini bezeichnete die Muskeln des Hercules als *Sack voller Melonen*.

Erst in der Schmähung kam Bandinelli dem Michelangelo näher. Als nämlich der David an seinen Ort verbracht worden war, soll er mit Steinen beworfen worden sein, weshalb zum Schutz ein Bretterverschlag gezimmert werden musste.

Rechtsbeistand

Zwei Vertragsrechtler der EU, Dr. Lühn und Dr. Theile, trafen sich in einem Turiner Restaurant zu einem informellen Gespräch.

»Jeder Vertrag ist anfechtbar, und zwar jeder«, sagte Dr. Lühn, als der Weinkellner eine Flasche Barolo entkorkte. »Muss nur ein geltungssüchtiger Kollege kommen, der das Ding zerpflückt. Unangenehme Sache. Rechtsanwaltskammer. Die drohen mit Lizenzentzug. Hab mir einen scharfen Hund unter den Verteidigern genommen. Ich, ein Lapsus? In so einer Sache?« Er hob das Glas, versetzte den Wein in eine kreisende Bewegung und hielt ihn gegen eine weiße Serviette. »Leicht granatrote Reflexe zum Rand hin. Schöne Viskosität. Die Tränen laufen langsam, aber nicht ölig schwer. Was ist das für eine Welt, in der dir jeder ans Bein pinkeln darf? Alle wollen Absicherung, keiner Verantwortung. Angst vor Regress ohne Ende.«

Er steckte seine kurze Nase tief ins Weinglas. »Kräftige, dunkle Struktur, finden Sie nicht auch? Kraftvoll, muskulös, aber vollendet klar. Geht in Richtung dunkle Pflaume. Eher rote Pflaume, so was wie Zwetschge. Zwetschgenschale. Pflaumenmus in Kombination mit leicht zimtigen Aromen. Eine sehr reintönige Nase, finde ich.«

Der Minister schwenkte wieder das Glas. »Jeder fürchtet, das Falsche zu sagen. Transpiriert vor lauter Eilfertigkeit. Ein aufrichtiges Gespräch war noch in den Neunzigern möglich. Das ist lange her.« Er nahm einen Schluck, behielt ihn geräuschvoll im Mund und schluckte. »Knochentrocken und lang im Abgang. Unheimlich feinkörnig, aber seidig. Eine leicht balsamische Note ist auch mit dabei. Auch rauchige, teerige Aromen. Unterholz. Feuchte Erde. Obwohl er kräftig daherkommt, hat er eine stringente Linienführung und eine gewisse Eleganz.«

Er sah zum wartenden Weinkellner auf. »Ein größeres Glas bitte. Der Wein braucht etwas Luft«, sagte er in fließendem Italienisch.

Der Kellner verneigte sich und ging weg.

»Herr Kollege, ich rede und rede, und Sie sagen nicht eine Silbe. Worum geht's?«

»Ich bin der scharfe Hund«, den Sie sich genommen haben«, antwortete Dr. Theile. »Worauf stoßen wir an?«

Der schwierige Franz Kranz

Franz Kranz wurde neunzig. Es saßen das Staatsoberhaupt und seine persönliche Referentin in der Präsidentschaftskanzlei und berieten, welche Ehrung dem Jubilar gerecht werden könnte.

Kranzens Buch *Gott lebt* hatte die metaphysische Gemütslage von Generationen auf den Kopf gestellt. Teenies, Päpste, Fußballer, Schauspielerinnen aus Hollywood, Schweizer Banken, die Inuit und Oligarchen aus der Ukraine schmückten sich mit Zitaten aus der über eintausendseitigen Schrift, in der es Kranz geglückt war, die Existenz Gottes empirisch nachzuweisen. Der Kranz'sche Gottesbeweis veränderte die Welt. Das philosophische Denken seit der Aufklärung war Makulatur geworden und Kranz selbst zur Legende.

»Hat er schon das Verdienstkreuz?«

»Acht Mal abgelehnt«, antwortete die Referentin.

»Chapeau!« Der Präsident lachte und trompetete ins Taschentuch. »Was wissen wir über diesen Kranz?«

Die Referentin schlug die Beine übereinander, was dem Präsidenten nicht entging, und blätterte in einer Mappe. »Er lebt am Bodensee, züchtet Welse, war verheiratet. Keine Kinder.«

»Was noch?«

»Gilt als gewalttätig. Soll eine Journalistin an den Haaren gerissen haben.«

»Hat er eine Telefonnummer?«

»Hier.«

»Wählen Sie mir die Nummer.«

»Bitte?«

Die Referentin wählte und gab dem Präsidenten den Hörer in die Hand. Schon nach dem ersten Freizeichen meldete sich eine sanfte Stimme: »Franz Kranz. Wo drückt der Schuh?«

»Danke, ich sitze«, antwortete der Präsident perplex.

Sie telefonierten fast eine halbe Stunde miteinander, in welcher der Präsident manchmal auf laut stellte, dann wieder auf leise. »So ein höflicher und bescheidener Mensch ist mir noch nie untergekommen«, sagte der Präsident nachdenklich, nachdem er den Hörer auf die Gabel gelegt hatte.

»Hier steht, er verstelle sich, um sein Gegenüber kurz darauf zu demütigen«, zitierte die Referentin.

Beim Festakt anlässlich der Überreichung des Großen Verdienstkreuzes mit Stern und Schulterband rührte Franz Kranz alle zu Tränen, als er sagte, dass der Anruf des Präsidenten seit zwanzig Jahren der überhaupt erste Anruf gewesen sei.

Die weinenden Schornsteine

Zur Zeit des großen Heimwehs in den Tessiner Bergdörfern, als die Wiesen verdorrten, die Väter verbitterten, weil das Brot nicht mehr auslangte, zog alljährlich im Oktober eine Schar von hungrigen Buben in die Städte des Piemont, sich als Kaminkehrer zu verdingen. In Begleitung eines Erwachsenen wanderten sie entlang smaragdgrüner Bergbäche hinunter zum Lago Maggiore, wo sie sich aus den Augen verloren und erst wieder am Ostersonntag zusammenfanden.

Da waren auch zwei Brüder, die Benito und Carlo hießen. Sie unternahmen zum ersten Mal den großen Fußmarsch nach Mailand. Der zehnjährige Benito war aufgeregt, plapperte den ganzen Tag vor sich her. Bis ihm der Patron eine Kopfnuss gab, die sich zu einer imposanten Beule auf dem kahlgeschorenen Schädel auswuchs.

Dabei hatten sie Glück. Der Patron war ein umgänglicher Bursche, der ihnen zu essen gab, obwohl er wusste, dass es den Wert seiner Ware schmälerte. Gut verkaufen ließen sich nämlich abgemagerte Kinder, weil sie die engen Kamine besser hochklettern, von Ruß und Schlacke freikratzen konnten.

Der kleine Benito stellte sich als geschickter Kletterer heraus und brachte an einem Vormittag zwei Schornsteine fertig, während Carlo von Natur aus träge war und mit einem nicht fertig wurde. Wenn sie nachts mit rußigen Gesichtern und brennenden Augen in Ställen oder Kellern lagen, hörte Benito seinen Bruder leise schluchzen.

»Ich möchte zu Nonna Rosa.«

»Du musst beim Rußkratzen immer nach oben schauen. Dann kommt der Himmel schneller näher«, tröstete Benito.

Sie waren in einem Haus mit vielen Schornsteinen zugange. Es lag in einem Garten, wo es nach Zitronen duftete. Als Benito gerade aus dem Kamin kletterte, stand vor ihm ein Mädchen, das so weiß und schön war, wie er es noch nie gesehen hatte.

»Gib dich nicht mit den schwarzen Gesichtern ab!«, hallte es durch den Flur, und das Mädchen wehte davon.

»Wir müssen unsere Gesichter waschen, damit sich die Kinder nicht vor uns fürchten.«

»Ich will heim zur Nonna«, lispelte Carlo.

Benito stimmte ein fröhliches Lied an, und beide schliefen darüber ein.

Die verstummte Prinzessin

Schah Abbas der Große aus der Dynastie der Safawiden hatte eine Tochter von hinreißender Schönheit. Er liebte sie über alle Maßen und trachtete danach, ihr jeden Wunsch zu erfüllen. Aber der Prinzessin stand der Sinn nicht nach Geschmeide, nach Tanz oder Zerstreuung. Sie hatte nur diesen Wunsch: einmal mit fremden Augen sehen dürfen. Sich in der Wirklichkeit Anderer verlieren, unbekannter Menschen Träume träumen und Gedanken denken. Wie beglückend müsse sein, erwog sie, wenn Missverständnisse aufhörten und Mutmaßungen. Was für ein Geschenk wäre es, sein Gegenüber endlich zu verstehen. Es gäbe keine Kränkung mehr, und ewiger Friede ruhte auf Isfahan.

Der Schah, der einen großen Krieg gegen die Osmanen anzettelte, unternahm alles, ihr diesen Wunsch zu erfüllen. Er ließ Zauberer rufen, Sufis und Dichter. Niemand brachte das Kunststück zuwege, den Geist der Prinzessin in andere Seelen einfahren zu lassen.

Bis eines Tages ein staubiger Greis an der Hohen Pforte stand, von dem es hieß, er sei der Prophet von Shiraz. Man führte ihn in die schattigen Gärten der Prinzessin. Der Alte, der stumm war, blickte dem Mädchen unentwegt in die Augen, berührte die Lider, schloss sie sanft mit seinen knochigen Fingern.

Im selben Moment dachte die Prinzessin mit dem Herzen ihres Vaters und begriff, weshalb die Osmanen aus Basra vertrieben werden mussten. Sie ersann grausame Torturen für ihre Heerführer. Nicht einer durfte überleben.

Der Greis berührte erneut ihre Augen, und sie war

wieder sie selbst. Entsetzen stand auf ihrem Angesicht. Abermals schloss der Prophet ihre Lider. Die Gedanken tauchten jetzt in die Seele dessen ein, den sie begehrte. Und sie entbrannte in reiner Liebe zu sich selbst, vermochte sich plötzlich zu bejahen.

Der Alte begleitete die Prinzessin in die Karawanserei, wo sie sich verkleidet als Ziegenmagd ausgab und mit den Gemütern von Händlern, Huren und Kameljungen verschmolz. Am dritten Tag trat Abbas der Große in ihren Pavillon und fragte nach dem Befinden. Die Prinzessin schwieg. Sie war verstummt und sprach nie mehr ein Wort.

Unser Tarek!

Ohne Schuhe lief er über schneebereifte Pässe und durch versengte Einöden. Im Rucksack ein Glas Honig gegen die Angst vor Assads Schergen. Auf der Überfahrt, als sie in einen Sturm gerieten, verlor er seine Dokumente. Bei Flaute ging das Trinkwasser zur Neige. Er hielt sich die Ohren zu, um das dumpfe Klatschen nicht zu hören, wenn die Leiber der Schwächsten über Bord gingen. Auf Lampedusa warf er sich in den Staub und kostete weinend Europas Erde. Von Lager zu Lager kam er schließlich in unsere Stadt. Er fand Aufnahme in einem leerstehenden Pfarrhaus, suchte um Asyl an und wartete. Der Postbote erschien ihm im Traum. War der blaue Brief dick, bedeutete es *Abgelehnt*, war er dünn, hieß es *Bleiberecht*.

Er war Choreograf und ein begnadeter Tänzer. Nach einem Jahr sprach er fließend Deutsch. Ein Mädchen, selbst Tänzerin, gab ihm eine Zigarette. Sie kamen ins Gespräch. Eine Woche später tanzte er der Akrobatikgruppe vor. Alle verstummten, und Tarek blieb.

»Wir müssen Mittel und Wege finden, die Zahl der Flüchtlinge zu verringern«, erschallte die verzerrte Stimme des Bürgermeisters aus den Lautsprecherboxen. »Unser Versprechen ist das Schließen der Routen!«

Stattdessen schloss die Akrobatikgruppe den Tarek ins Herz. Ihr verwegener Traum war es, beim Contest teilzunehmen.

»Wenn ihr mit mir über verschneite Berge und durch verdorrte Täler geht«, antwortete Tarek und verbeugte sich.

Sie vervierfachten die Trainingseinheiten. Er schuf eine Choreografie, die von einem Jungen erzählte, der für ein Mädchen die Sichel des Mondes vom Himmel stahl. Atemberaubende Saltos, rasende Luftpirouetten, Menschentürme, die sich aufbauten und in sich zusammenstürzten, hämmernde Tanzschritte zu einer atemlosen Musik.

Der blaue Brief kam. Er war dick. Eine Woche später erfolgte die Einladung nach London. Die Gruppe reiste ohne ihren Choreografen zur Show, tanzte um ihr Leben und gewann.

»Wir sind stolz auf unseren Tarek!«, brüllte die Stimme des Bürgermeisters verzerrt aus den Lautsprecherboxen beim großen Empfang auf dem Stadtplatz. Und Tarek verneigte sich tief.

Die Entdeckung von Schytomyr

Im Bach-Archiv Leipzig herrschte große Aufregung. Die ansonsten strohtrockenen Professoren, denen man die Bürde ansah, das erdrückende Erbe Bachs auf ihren eingefallenen Schultern tragen zu müssen, waren völlig aus dem Häuschen. Anlass war ein Schreiben an den Leiter des Forschungsreferats I, Dr. Kauhl, darin es hieß, in einer Bibliothek in Schytomyr sei ein mehrseitiger Brief vom 11. April des Jahres 1727 aufgefunden worden, der von der Uraufführung der Matthäus-Passion handele. Der Verfasser (ein Hofgerichtsassessor von Staudt) schildere in eindrücklichen Worten den Hergang der über sechsstündigen Karfreitagsliturgie.

Man kann sich die Schweißkränze auf den Hemden der Professoren denken – es war ein schwüler Sommertag –, auch die Dramatik im Institut, denn von der Uraufführung des größten Werkes der abendländischen Musik hatte sich kein Augenzeugenbericht erhalten. Vielleicht war der Brief der Schlüssel zum endgültigen Bachverständnis.

Sofort gab es ein Kompetenzgerangel, wer nach Schytomyr – wo liegt das überhaupt? – reise, und wer das Dokument zuerst inspizieren dürfe. Der Archivleiter Prof. Dr. Dr. h.c. Wally reklamierte diese Aufgabe für sich, während Prof. em. Prof. h.c. mult. Dr. Dr. Fuchs fand, dass ihm diese Ehre zustehe, weil er, das werde niemand ernstlich in Zweifel ziehen, ein Bachforscher von Weltrang sei.

Schließlich reisten alle drei nach Schytomyr: Kauhl, Wally und Fuchs. Eine nach reichlich Patchouli duftende Dame klatschte den aufgewühlten Herren das Dokument mit bloßen Händen auf den Lesetisch, während letztere weiße Baumwollhandschuhe übergestreift hatten. Mit hüpfenden Kehlköpfen und dürren Lippen begannen sie zu lesen.

Da war die Rede vom *lebendigen Blute, das in dreyfachem Strahle ins ewige Leben hinübersprudelt*, von *Dismas, dem ergätzlichen Schächer* und vom *fröhlichen Fußpfade in die Seligkeit.* Nachdem der Hofgerichtsassessor die Karfreitagspredigt minutiös geschildert hatte, kam er in der letzten Zeile des Briefes doch noch auf Bachs Passion zu sprechen. *Die übrige Zeit war ein Musicstücke zu zween Theilen.*

Die Pillendose

Vom Vergangenen erzählen heißt, über das Gegenwärtige reden. Erinnerungen sind ein Wald mit Lichtungen, und selbst die Orte des Kahlschlags sind trügerisch, nämlich dort, wo mir das Gedächtnis vorgibt, besonders klar zu sehen. Vielleicht erzähle ich diese Geschichte morgen schon anders. Ich erzähle sie jetzt.

Die früheste Erinnerung an meine Kindheit ist der Tag, als ich zu meinen Adoptiveltern kam. Ich weiß nicht mehr, ob es Frühling war oder Winter, ob es geregnet hat oder die Fenster offen standen in der Augustglut. Ich war drei Jahre alt. Eine Aktennotiz auf einem vergilbten Durchschlagpapier der Bezirkshauptmannschaft Feldkirch gibt darüber Auskunft. Meine Mutter hat sie in einem grauen Leitz-Ordner aufbewahrt, auf dessen Rücken *Kinder* in Kurrentschrift steht.

Ich war nicht allein an jenem Tag. Eine gewisse Frau Scheyer brachte mich an den Ort, wo ich heute noch lebe. Die Dame von der Kinder- und Jugendfürsorge trug ein schreiend oranges Kleid oder Kostüm. Ihr blondes Haar hatte sie zu einem Dutt am Oberkopf festgesteckt, wie es in den sechziger Jahren Mode war.

Es herrschte eine freundliche und geradezu feierliche Stimmung. Neue Eltern. Ich fühlte mich im Mittelpunkt. Ich erinnere mich, dass ich eine leere Pillendose in Händen hielt, die Habseligkeit, die ich aus dem Kinderdorf mitgebracht hatte. Aus irgendeinem Grund wollte mir Frau Scheyer die Dose wegnehmen. Vielleicht hatte sie Angst, dass ich mich daran verschlucke. Jedenfalls entstand ein

Ringen, das ich als Kampf auf Leben und Tod im Gedächtnis behalten habe. Ich umklammerte die Dose, aber die orange Frau bog mir die Finger einzeln auf, bis sie meines Schatzes habhaft geworden war.

Alle Niederlagen meines späteren Lebens, meine unglücklichen Lieben, die Strafen für meine Anmaßungen, waren nichts im Vergleich zum Verlust dieser kleinen, wertlosen Plastikdose. Ich ahnte ja nicht, dass ich dafür ein behütetes Zuhause bekam.

Ich rede offen: Müsste ich heute diese Kämpfe wieder kämpfen, ich würde mich für die Anmaßung entscheiden, die unerwiderten Lieben und die Plastikdose.

Der Goldmacher

Im Audienzzimmer des Preußenkönigs Friedrich I. herrschte große Erwartung. Sogar August von Sachsen war gekommen, um der Transmutation beizuwohnen, die ein Graf Ruggiero aus Neapel an diesem schwülen Juliabend bewerkstelligen wollte. Obwohl alle Fenster offen standen, roch es nach Schweiß, Veilchenparfüm und Urin. Die Damen wedelten mit chinesischen Fächern, die Mieder knackten, die Röcke raschelten. Den Herren rann die Suppe unter den Allongen mehlig weiß von der Stirn. Friedrich I. hustete immerzu, und einmal gelang es seiner umnachteten Gemahlin, ihren Hofdamen zu entwischen. Sie entriss dem Lakai ein Tablett mit gedörrten Kornelkirschen, um zur Fütterung des Königs überzugehen.

Die Flügeltüren wehten auf. Herein trat ein junger, stolzer Mann in rubinrotem Justacorps. Ihm folgten drei Adepten, die Destillierhelme und -kolben, gestapelte Tontöpfe ohne Boden, einen Athanor mit doppeltem Schmelztiegel sowie Mörser und Stößel herbeischafften.

Ruggiero verbeugte sich nicht, was den König verunsicherte und beeindruckte. Der Graf gab auch keine Erklärungen ab, sondern setzte sich sofort ins Werk, aus einem Bleiklumpen, den er zuerst begutachten ließ, Gold zu machen. Die Prozedur währte über eine Stunde, in der es mal blubberte und zischte, Stichflammen bis zum Kandelaber hochzüngelten und es nach Schwefel stank. Die Königin kreischte.

Dann zerrieb er ein Gemisch aus Kalk und Mandelschalen und sagte plötzlich »Opus magnum«, womit er den Stein der Weisen meinte. Es wurde totenstill. Er nahm einen Rührlöffel, brabbelte Unverständliches und brachte einen daumengroßen Goldregulus zum Vorschein. August der Starke, immer in Geldnöten, brüllte wie ein Stier. Viele Damen weinten.

So kam Ruggiero in preußische Dienste. Als offenkundig wurde, dass alles Schwindel gewesen war, der Löffel doppelwandig und mit Gold gefüllt, Ruggiero kein Graf, sondern ein Bauernsohn mit Namen Domenico Caetano, ließ der König ihn einsperren und schließlich aufhängen.

Auf dem Galgen soll Caetano gerufen haben: »Ich sterbe, weil der König so gierig war. Er sollte hängen!«

Habemus Papam

»Wo sind die roten Schuhe?«, fragte John Mishra, der ehemalige Erzbischof von Bombay und seit zwanzig Minuten Papst Xaver. Mit überwältigender Mehrheit war er bereits im ersten Durchgang zum Stellvertreter Christi gewählt worden.

»Wie meinen, Heiligkeit?«, antwortete der Zeremoniar, der Xaver soeben die weiße Soutane in der Größe S zuknöpfte.

»Wir werden wieder rote Schuhe tragen und die Mozzetta mit Hermelinbesatz.«

»Die haben eure hochwürdigen Vorgänger abgeschafft.«

»Eben«, sagte Xaver und schnalzte mit der Zunge.

Der verdutzte Zeremoniar gab Anweisung, eiligst nach einem Paar roter Schuhe suchen zu lassen und nach dem Schulterkragen Pauls VI.

»Und bitte das edelsteinbesetzte Pektorale Pius X. und die Stola mit den Goldapplikationen Clemens XIII.«

In der *Kammer der Tränen*, dem Ort der Einkleidung des neuen Papstes, entstand ein Geraune.

»Hat er jetzt den Verstand verloren?«, flüsterte der Kardinaldekan dem Protodiakon ins Ohr.

»Annuntio vobis gaudium magnum …«, antwortete jener mit bebender Stimme, in der Meinung, die Bekanntgabe habe schon begonnen.

»Noch nicht«, beruhigte der Kardinaldekan.

Als Papst Xaver auf die Benediktionsloggia trat, gewahrte er einen halbvollen Petersplatz. Er machte keinen Hehl aus seiner Enttäuschung.

»Aufhören muss der Geist, der alles normieren will«, waren seine ersten Worte. »Ihr seid das Licht. Wir aber sind das Geheimnis des Lichtes. Wir kommen nicht mehr zu euch. Ihr werdet wieder zu uns kommen.«

Auf dem Platz herrschte baffes Staunen. Dann wurde gelacht. Als er den Segen spenden wollte, mehrfach Handzeichen zum Niederknien gab, Buhrufe und Pfiffe erntete, kehrte er auf dem Absatz um und verschwand hinter dem roten Samtvorhang.

Eine Woche später ließ sich Xaver auf einem vergoldeten Thron mit Baldachin zu den Krönungsfeierlichkeiten tragen, flankiert von zwei Fächern mit weißen Straußenfedern. Der Pomp war ungeheuerlich.

Nachdem sich die Medien und auch die sozialen Netzwerke etwas beruhigt hatten, stand die katholische Kirche vor einem Phänomen: die Wieder- und Neueintritte vervierfachten sich.

Beichte

Auf der Wiese neben meinem Elternhaus stand ein alter, windschiefer Kirschbaum, in dem mein Vater ein Schaukelbrett an zwei Kälberstricken festgebunden hatte. Hinter dem Kirschbaum schob sich ein schmaler Schotterweg bergwärts. Eines Tages sah ich auf dem Weg ein dünnes schwarzhaariges Mädchen stehen, das mir beim Schaukeln zusah. Es war vielleicht zehn Jahre alt, jedenfalls älter als ich, trug eine grüne Masche im Haar. Obwohl ich sein Gesicht nicht genau erkennen konnte, griff etwas in mein Herz, das man Liebe auf den ersten Blick nennt. Ich reagierte darauf, wie Jungen reagieren, gab den Draufgänger, beschleunigte den Schwung, bis mich die Fliehkraft unsanft erdete und mein Kopf zu dröhnen begann. Sofort stand ich auf, schielte nach dem Mädchen, aber es war weggegangen.

Die Fremde ging mir nicht mehr aus dem Sinn. Ich fragte meine Mutter. Das sei das neue Pflegekind der Wieds, die am obersten Ende des Dorfs lebten und jedes Jahr ein Waisenkind zur Sommerfrische bei sich aufnahmen.

Ich schaukelte jetzt jeden Tag, sogar im Regen. Ich wartete auf sie. Irgendwann stand sie wieder da und schaute mir zu. Ich schaukelte freihändig, winkte. Zögerlich kam sie über die Wiese herab. Ich fragte nach ihrem Namen.

»Maria Lechner.«

Ob sie auch schaukeln wolle. Sie kletterte umständlich auf das wackelige Brett. Ich legte mich in die Wiese, gab Maria mit meinen Beinen Schub. Sie tanzte über meinen Kopf hinweg. Als die Schaukel zurückkehrte, bauschte sich Marias Kleid auf. Plötzlich, für einen kurzen Moment, sah ich ihre geöffneten Beine. Der Moment verstörte mich und bereitete mir gleichzeitig Behagen. Mein Herz begann zu klopfen. Ich fühlte mich wie ein Dieb, der den Augenblick des Raubes auskostete. Maria rief, ihr werde schwindelig. Ich ließ nicht ab, sie anzustoßen. Bis sie von der Schaukel fiel, sich weh tat und davonrannte.

Ich litt. Weil ich verliebt und – mehr noch – unkeusch gewesen war. Zwar wurde ich im Beichtstuhl von der Sünde losgesprochen, aber niemand sprach mich von der Liebe los und der Gewalt, die ich dem Mädchen angetan hatte.

Street View

Siegfried Eser, 71, Rentner, stand wegen schwerer Sachbeschädigung vor Gericht. Im Zuschauerbereich des Sitzungszimmers 10a saß lediglich eine Dame in beigefarbener Strickjacke, die immerzu nieste. Es war die Gattin des Angeklagten, die nicht verwinden konnte, dass ihr diese Schmach widerfahren musste, wo sie ihr Lebtag lang nichts mit Polizei oder Justiz zu tun gehabt hatte.

Nach Verlesung der Anklageschrift gerieten Staatsanwalt und Verteidiger sofort aneinander. (Sie hatten gemeinsam studiert. Ihre Freundschaft war wegen einer entzückenden Studienkollegin zerbrochen.) Der Verteidiger ließ zwar den § 126 StGB der schweren Sachbeschädigung gelten, nicht aber die Datenbeschädigung nach § 126a. Die Richterin – just die ehemals entzückende Studentin – gebot dem Wortgeplänkel scharfen Einhalt und blickte streng hinter ihrer Korrektionsbrille hervor.

Was war geschehen, bringt man die Eifersüchteleien der amtshandelnden Personen in Abzug? Durch den an sich öden Industrievorort, wo Herr Eser aufgewachsen war, fuhr eines Tages ein Auto mit einer monumentalen, kugelartigen Apparatur auf dem Dach. Herr Eser kombinierte sofort, dass es sich um *Google Street View* handelte und die Kugel auf dem Dach des Autos jetzt die verschwiegensten Winkel seines Quartiers belichten würde. Den Schulweg, den er gegangen war, die Bank, auf der er zum ersten Mal ein Mädchen geküsst hatte, den kleinen Friedhof mit der Bonifatiuskapelle, wo seine Eltern begraben lagen. Das machte ihn so wütend, dass er aus dem Haus stürzte, einen losen Pflasterstein aufhob und mit einem meisterhaften Wurf die Panoramakamera zertrümmerte.

Er habe aus reiner Notwehr gehandelt, sagte er der Richterin. Ob es denn auf dieser Welt keinen Platz mehr geben dürfe, der noch ein Geheimnis bewahre. Müsse wirklich alles … Mitten im Satz liefen dem grobschlächtigen Mann plötzlich die Tränen über die Wangen.

»Es ist wie mit dem Volk der Yanomami am Orinoco«, ging Esers Verteidiger dazwischen. »Meinem Mandanten wurde die Seele wegfotografiert. Und darum, Frau Rätin, plädiere ich auf unschuldig.«

Durch dich

Wieder tritt ein Tag dich in den Hintern. Besoffen urinierte es aus roten Wolken. Erschöpftes Licht des Sonnenuntergangs. Der Augenblick des Kusses: ein Kind erst, drüben bei den kranken Pappeln. Was gäbst du drum, würd's ein Mal wahr. Wär das die Zeit, von vorne zu beginnen? Nicht mit Kredit und ohne Glück? Du bist verdreckt und kommst nicht weiter. Was ehrlich war, hast du erbrochen. Die Lügen konntest du behalten.

Da ist ein Klang und eine Weite. Kadenzen deiner Kindlichkeit. Wie bist du klar, so sturzbetrunken. Und findest wieder einen Halt. Dass dich alle warm verneinen, macht den Schneid nur umso größer. Kennst Aufbruch und das Scheitern morgen. Und du gehst durch dich allein. Und du fällst durch dich allein.

Mit den Nächten stehst du in der Kreide. Deine Rechnung hat der Wirt gemacht. Hast dich in den Träumen wahr gebogen, bis der Dieb Betrogener war. Ach, was sollen die verschwitzten Kissen! Beziehst du dein Gewissen eben neu. Wie es war im Anfang: leicht und stolz, das Herz ein schwarzes Loch. Du allein zogst an die Sterne, ob sie weinten oder lachten. Auch das Glück kennt Schwerkraft, wie die Hoffnung. Es ist Zeit, jetzt zu erwachen. Du bleibst liegen, schließt die Augen gar im Traum. Nichts ist Zauber.

Wieder duftet es nach Heu und kaltem Rauch. Du als Kind in Vaters Händen. Eine Sonne wärmt dich her von Osten. Findest jetzt zum alten Trotz. Dass dich jeder meint begriffen, steigert mehr noch deine Wut. Kraft hast du zum

Wahnsinn ja noch immer. Und du gehst durch dich allein. Und du fällst durch dich allein.

Hunger hast du nach dem Hunger. Durst, obwohl du trinkst. Brennen können. Wieder irren. Geheimnis sein dir selbst.

Dann ein Flügelschlag zu Mittag. In der Flaute deines Seins. Tief am Himmel die Milane, und du ahnst noch, wie sich's fliegt. Drüben bei den kranken Pappeln, das Gesicht dir zugewandt. Meint nur deinen Schatten, der dir längst abhanden ging. Dass du endlich bist gesehen, wenn der Blick auch anderen gilt, macht dich stärker, nichts zu wollen. Und du gehst durch dich allein. Und du fällst durch dich allein.

Die neue Zeit

Als die große Gefahr schließlich ausgestanden war, hielt der Präsident aus dem Land der blauen Berge und der grünen Seen eine Fernsehansprache. »Liebe Mitbürgerinnen und Mitbürger! Sie dürfen einander wieder in die Arme sinken. Leben Sie das Leben, als sei nie etwas gewesen. Jetzt kommt die neue, gute Zeit.«

Freudig eilte der Mann mit Hut hinaus auf die Straße, umarmte eine ihm völlig unbekannt Dame und rief: »Ich bin so beglückt, meine Liebe! Jetzt kommt die gute, neue Zeit!«

»Was erlauben Sie sich, mich anzufassen!«, kreischte die Fremde und schrie um Hilfe.

Verdattert, sich endlos entschuldigend drückte sich der Mann mit Hut davon.

»Darf ich Ihnen zur neuen, guten Zeit gratulieren?«, sprach er zum Fahrer jenes Linienbusses, den er immer nahm, und streckte seine Hand aus.

»Ich reiche keinem Menschen mehr die Hand. Mein Herr, der Herbst bringt eine neue Gefahr. Das ist die Ruhe vor dem Sturm. Schlimmes wird kommen.«

Verstohlen nahm der Mann mit Hut neben einer Schülerin mit Bienenstockfrisur Platz.

»Die Menschen sind so voller Bedenken«, sagte er versonnen, indem er den Hut in seinen Fingern kreisen ließ.

»Auf diese Masche falle ich nicht rein«, antwortete die Schülerin und steckte die Knöpfe ihres Kopfhörers ins Ohr.

Sehr betrübt kehrte er in seine Wohnung zurück, hängte

den Hut an den Kleiderhaken und beschloss, darüber nachzudenken, weshalb niemand weder dem Präsidenten noch der neuen, guten Zeit vertraute. Er las und studierte in die Nächte hinein, erwog das Für und Wider dieser Zeit, bis er Ringe unter den Augen bekam. Als er sicher war, die Zeit begriffen zu haben, nahm er den Hut vom Kleiderhaken und verfügte sich zu *Da Enrico*, der kleinen Trattoria, wo er immer aß.

»Signore, welche Freude, Sie nach so langer Zeit wieder bei mir zu sehen!«, rief Enrico und wollte den Mann mit Hut mütterlich herzen.

Dieser trat einen Schritt zurück, dann wieder vor und abermals zurück. Mit einem verschämten Lächeln und zu Boden gesenktem Blick schwindelte er sich durch die Tür und nahm am Tischchen bei den Toiletten seinen alten Stammplatz ein.

Good Vibes

Um den Palazzo Dario am Canal Grande in Venedig ranken sich Schauergeschichten. Hinter dunklen Arkaden lauert ein Fluch der Wiederholung. Theatralische Gondolieri lehren bei der Vorbeifahrt sonnenbebrillte Touristinnen aus Asien das Fürchten. Da gibt nur noch der Blick auf die starken Arme Halt, weshalb das Trinkgeld üppig ausfällt, wenn die Damen aus der Gondel wanken, noch den vermeintlich eisigen Wind im Nacken, der bei der Ca' Dario herüberwehte.

Erbauen ließ den Palast ein Sekretär des Dogen. Vollendet betrat er ihn nicht mehr. Töchterchen Marietta und Gatte Vincenzo zogen statt seiner ein. Vincenzo ging bankrott, wurde erstochen. Marietta wählte den Freitod. Ein armenischer Juwelier namens Arbit Abdoll kaufte den Palast, ruinierte sich ebenfalls, kurz nachdem er eingezogen war. Die Immobilie gelangte in den Besitz eines Engländers, der sich dort mit seinem Geliebten das Leben nahm, weil ihre Amour Ärgernis erregt hatte. Kam ein Amerikaner, sah und kaufte, floh aber bald aufgrund ähnlicher Vorwürfe nach Mexiko, wo sich sein Liebhaber wiederum dem Tod überantwortete. Fuhr im Jahr 1963 der legendäre Tenor Mario del Monaco zu Verkaufsverhandlungen bezüglich der Ca' Dario nach Venedig, knallte in ein anderes Auto, was seine Sängerlaufbahn um ein Haar beendete. Starb in den siebziger Jahren ein gewisser Conte delle Lanze, weil ihm sein Liebhaber eine Vase an den Kopf geworfen hatte. Kaufte der Manager der Rockband *The Who*, Christopher Lambert, die Liegenschaft, stürzte kurze Zeit später auf einer Treppe in den Tod. Erwarb den Palast ein venezianischer Geschäftsmann, der zahlungsunfähig wurde und dessen Schwester bei einem Verkehrsunfall starb.

Kein guter Platz. Das Objekt galt als unverkäuflich, stand Jahre leer. Nicht ganz. Ein irisches Liebespaar nistete sich ein. Fast zwei Jahre wohnten die beiden als Mietnomaden in dem verfluchten Gemäuer. Vor dem Richter gaben sie an, nichts zu bereuen, eine wunderbare Zeit verlebt zu haben. Good vibes.

Vielleicht, weil die Liebe der beiden nicht nach Geld und Besitz ging? Sie wurden verurteilt.

Der unberührte Teller

Meine Tanten und Onkel waren recht eigenwillig. Heute würde man sagen, sie hatten einen an der Klatsche. Wahn und Irrsinn gehörten noch zum Alltag. Man sperrte diese Menschen nicht weg, sofern sie anderen keinen Schaden zufügten. Sie gehörten zum Dorfleben, denn manchmal war auch etwas Sinn im Wahnsinn.

Onkel Robert begann eines Tages rückwärts zu gehen, weil er Gesichte hatte, in denen ihm der Pfarrer von Ars erschienen war. Er stürzte vom Heuboden und brach sich das Genick. Sein Halbbruder, den alle *Voltadi* nannten, baute an einer Apparatur zur Erkennung menschlicher Charaktereigenschaften. Er erlitt einen Stromstoß, zog sich schwere Verbrennungen an den Oberarmen zu.

Am liebsten mochte ich Tante Rosa. Sie war eine zarte, sehr verhaltene Person mit geknotetem Haar und einem wächsernen Gesicht, durch das die Adern blau durchschimmerten. Sie blieb ledig, arbeitete in einer Textilfabrik. Im Herrgottswinkel ihrer niedrigen Stube hing ein gusseiserner Kruzifixus. Links davon ein verblasster Kunstdruck unter Glas, der die Hl. Maria mit flammendem Herzen zeigte, und rechts die Fotografie eines jungen Wehrmachtssoldaten.

Wenn Tante Rosa uns bewirtete, legte sie immer ein zusätzliches Gedeck auf den Tisch, das jedoch unberührt blieb, weil der Gast nie erschien.

Ein vorlautes, neugieriges Kind, das ich war, wollte ich eines Tages wissen, weshalb da ein leerer Teller auf dem Tisch stehe. Tante Rosa lachte beklommen, dann brach sie in Tränen aus. Daheim legte mich mein Vater übers Knie. Ich hatte keine Ahnung, wieso, aber ich fragte nie mehr nach dem unberührten Gedeck.

Erst viel später erfuhr ich, dass der junge Soldat Tante Rosas Verlobter gewesen war. Er hieß Vinzenz und war in Russland *geblieben*, womit man das Wort *gefallen* umschrieb. Noch bis in die frühen neunziger Jahre glaubte Tante Rosa, dass eines Tages die Tür aufspringen und Vinzenz sie anlachen werde.

Als ich sie das letzte Mal besuchte, stand kein zusätzliches Gedeck mehr auf dem Tisch. An Vinzenz' Statt hing ein barmherziger Jesus mit schulterlangem Haar und durchbohrtem Herzen.

… jeder irret anders

Am Vormittag des 5. Dezember 1826 erhielt Ludwig van Beethoven Besuch von einem Edlen von Báthory. Der Gast hatte sich zuvor brieflich beim Meister angekündigt. Es gehe um eine verschwiegene Angelegenheit, die nur unter vier Augen zu verhandeln sei.

Als von Báthory an Beethovens Wohnungstür klopfte, stieg ihm ein Mief aus Branntwein und Tabak in die Nase. Ein Hofrat von Breuning öffnete und nörgelte, weil Louis den ganzen Vormittag auf den Gast habe warten müssen.

Der Tonkünstler saß in Leibwäsche und gelben Pantoffeln am Fortepiano, ließ mit der einen Hand Murmeln aus glasiertem Ton über die Saiten hüpfen, hielt in der anderen ein langes Hörrohr an die Ohrmuschel und lauschte. Von Breuning überreichte dem Besucher ungefragt Heft und Bleigriffel, zog sich zurück und verschloss die Tür.

Beethoven wusste natürlich, dass der Fremde eingetreten war, wandte sich aber, den Beleidigten gebend, nicht nach ihm um. Von Báthory nahm es gelassen, notierte, dass er ein Freund Carl Maria von Webers gewesen sei, den er kurz vor dessen allzu frühem Hinscheiden in London besucht habe und durch gutes Zureden von der Fertigstellung der *Drei Pintos* habe abhalten können. Beethoven las die Notiz halb interessiert, musterte den Gast von Kopf bis Fuß, bedeutete ihm, Platz zu nehmen.

Die beiden Herren konversierten bis in den Nachmittag hinein. Von Breuning erkundigte sich allenthalben nach dem Wohlbefinden und bot Punschgefrorenes an. Ihm blieb nicht verborgen, dass der Komponist immer grübelnder wurde und in sich zusammensank.

Nachdem sich der sonderbare Gast mit den Worten verabschiedet hatte, er besuche jetzt Franz Schubert, reise danach zu Pestalozzi in die Schweiz, dann zum jungen Wilhelm Hauff nach Stuttgart, schrieb von Breuning eine verwunderte Notiz. Louis murmelte, dass von Báthory schon bei Salieri, Jean Paul und Hebel gewesen sei. Dieser Schauende habe ihm die Augen geöffnet. Er wolle jetzt allein sein.

Der Meister nahm ein Notenblatt, brachte den Kanon *Wir irren allesamt, nur jeder irret anders* zu Papier und schrieb danach nie wieder eine Note.

Bildersturm

Rick Duschak war Mediengestalter für Bild und Ton. Er leitete ein erfolgreiches Werbeunternehmen mit zwölf Angestellten. Lauter junge, schöne Menschen. Männer mit weißen Zähnen und penibel ausrasierten Bärten, Frauen mit perfekt sitzenden Push-up-BHs und makellosen Gesichtern. Hoch vernetzte Creatives. Alle chillig, easy, freundlich, divers und politisch korrekt. Generation *No(e)motif*.

Im vergangenen Frühjahr erlitt Rick einen Nervenzusammenbruch. Er fuhr in die Firma und setzte sich wie jeden Morgen vor seinen ultraslimen, messerscharfen Farbkorrekturmonitor mit 8K-Bildauflösung. Niemand merkte, wie viel Kraft es ihn kostete. Er wollte einer phänomenalen Landschaftsaufnahme vom schottischen Hochmoor mit enormer Farbtiefe den letzten Schliff geben, noch die allerfeinsten Nuancen herauskitzeln, als er wie aus dem Nichts laut zu schluchzen anfing.

Zuwartende Betroffenheit herrschte hinter den Monitoren. In ihrer Hilflosigkeit fragte eine Kollegin, ob Rick ein Glas Wasser trinken wolle. Er reagierte nicht. Eine Rotzfahne hing an seiner Nase. Der VFX Supervisor reichte ihm ein Papiertaschentuch. Und noch eins.

»Ich kann nicht mehr. Ich kann keine Bilder mehr sehen. Wie habe ich diese verlogene, gefakte Kacke satt«, wimmerte Rick abgehackt.

Der Supervisor legte zögerlich die Hand auf Ricks Schulter. Rick sprang auf und brüllte durchs ganze Filmbüro. »Verdammt, ich spür mich nicht mehr! Und ihr Arschlöcher spürt euch auch nicht mehr! Seid doch ehrlich! Den ganzen Tag diese verlogene Scheiße!«

Dann entschuldigte er sich für den Ausraster, verließ die Firma. Er hatte nur einen Wunsch: Dunkelheit. Schwärze. Nie mehr wollte er sich dem Bluff einzigartiger Bilder aussetzen. Das Gestylte, tausendfach Gesehene, hipp Kolorierte und zu Tode Geschönte widerte ihn an. Rick Duschak war dabei, in der Farbtiefe seines Monitors zu ertrinken.

Seiner Frau und den Kindern sagte er, die Harddisk sei voll. Er müsse sie löschen, wisse aber nicht wie. Er brauche jetzt ein paar Tage Auszeit. Zufall oder nicht: Bei einem Motorradunfall verlor er sein Augenlicht.

Das Kind in ihm

Ein Fall sorgte in unserer Stadt für Aufsehen, bei dem ein 68-jähriger Mann wegen versuchten Kindesmissbrauchs vor Gericht stand. Er habe durch sein Handeln schweren emotionalen Schaden an ihm unbekannten Kindern verursacht, trug die Anklage vor. Die Wogen gingen deshalb so hoch, weil sich einerseits im Verlauf des Prozesses das Gegenteil herausstellte, andererseits in Leserbriefen und sozialen Medien heftig darüber gestritten wurde, wie viel Empathie im öffentlichen Miteinander noch überhaupt erlaubt sei.

Horst L., unbescholten, Vater von fünf erwachsenen Kindern, verwitwet, hatte sich Folgendes zu Schulden kommen lassen. In der Fußgängerzone war er auf ein Kleinkind zugegangen, das bäuchlings auf dem Rost eines Lüftungsschachtes lag und sich fasziniert vom Gebläse anwehen ließ. L. habe sich zu dem Kind gelegt und sich ebenso begeistert anblasen lassen. Die Mutter, der das Kind entwischt war, hatte sofort die Polizei alarmiert. In der Gelateria *Da Firenze* habe L. gemeinsam mit einer Kleinfamilie am Tisch gesessen. Ein dreijähriges Mädchen habe angefangen, mit der Hand im Eisbecher zu panschen, worauf er es dem Kind gleichgetan habe, zur hellen Freude der Kleinen. Im Kurpark hätten zwei fünfjährige Buben in den Wegrabatten Petunien, Gladiolen und Dahlien die Blüten abgerissen. L. habe wie selbstverständlich assistiert. An Supermarktkassen habe er jene Waren gekauft und dann heimlich in die Einkaufskörbe gelegt, die die Eltern ihren Kindern zuvor ausgeschlagen hatten.

Das psychologische Gerichtsgutachten attestierte dem Angeklagten volle Zurechnungsfähigkeit. Die Befragungen und testpsychologischen Untersuchungen der involvierten Kinder ergaben keine Hinweise auf emotionale Schädigung. Auf die Frage des Richters, weshalb sich der Beschuldigte in dieser Weise verhalten habe, antwortete L., es gebe für ihn nichts Schöneres, als sich in Kindern zu verlieren, mit ihnen Zeit zu vergeuden und durch ihre Augen die Welt wieder neu zu begreifen.

L. wurde in allen wesentlichen Punkten freigesprochen, die Sachbeschädigung im Kurpark ausgenommen.

Nick-Nick

Von den wunderlichen Menschen in meinem Dorf war mir der Graf der liebste. Eigentlich hieß er Leo, aber alle nannten ihn Graf. Als Kinder tollten wir oft in seinem kleinen, verlotterten Bauernhof umher. Es stand nur noch das Wohngebäude. Der Stall war eine Ruine. Wir haben unter dem eingestürzten Dach, zwischen morschen Balken und fauligen Grundmauern, Verstecken gespielt oder nach den Goldschätzen des Grafen gegraben.

Ich habe ihn als steinalten Mann in Erinnerung, obwohl er mit sechzig Jahren starb – verging, sollte ich schreiben, denn er verblasste buchstäblich. Er löste sich auf. Wenn ich bei ihm auf der Ofenbank hockte, wo er immer saß, und ihm zusah, wie er seine Villiger rauchte, seine feinen Gesten studierte, die so gar nichts Bäuerisches hatten, waren alle meine Sorgen wie mit einem Schwamm von der Tafel gewischt. Dass mein Volksschullehrer, den ich einmal umarmen wollte, mich erschrocken von sich stieß, dass ich jeden Kampf mit meinem älteren Bruder verlor, dass ich immer noch Bettnässer war. In Gegenwart des Grafen war auf einmal alles wieder leicht und voller Zuversicht. Ein *Nick-Nick*, wie er sich auszudrücken pflegte.

Er hauste und aß in seiner Stube, in der es kein Kruzifix gab. Über einem rostroten Kanapee hing ein merkwürdiger Gegenstand, den ich für ein hölzernes Sandsieb mit langem Stiel hielt.

Der Graf stammte nicht aus meiner Gegend, sprach nicht unseren Dialekt. Die Bombennacht in Dresden, erzählte er mir einmal, habe er auf einem Leiterwagen unter freiem Himmel schlichtweg verpennt. Er habe rein gar nichts gehört. Das Glück jener Nacht sei immer an seiner Seite geblieben. Alle Geschichten, die er aus seinem Leben erzählte – begannen sie noch so traurig –, hatten immer ein Happy End, eben ein *Nick-Nick*.

Erst viel später, lange nach seinem Tod, erfuhr ich, wer er wirklich gewesen war. Er kam aus dem Sudetenland, hatte eine große Zuckerrübenfabrik besessen. Als er von einer Stunde auf die andere flüchten musste, soll er vor lauter Panik anstatt Geld oder Wertgegenstände nur seinen Tennisschläger mitgenommen haben.

Ein Anderer

Der schwüle Augusttag hatte die Stadt schläfrig gemacht und still. Wie an jedem Abend ging Cornelia Anhuber zu Fuß den kurzen Weg vom städtischen Entbindungsheim in ihre Wohnung. Sandro hob theatralisch die Arme, als er Cornelia unter die Markise seiner Trattoria treten sah. »Buona sera, Cornelia!« rief er und fragte dann auf Deutsch, wie vielen Schreihälsen sie denn heute ins Leben verholfen habe. Ohne im Geringsten an ihrer Antwort interessiert zu sein, verschwand er im Restaurant, kehrte ungewöhnlich schnell wieder, servierte den Mojito, den sie immer nach der Arbeit trank.

Die Terrasse war noch leer. Nur ein älterer Mann mit grauem, aber vollem Kraushaar und fliehender Stirn saß Zeitung lesend am Tisch vis-à-vis. Als Cornelia ihn flüchtig musterte und Platz nahm, merkte sie, dass sie Herzklopfen bekommen hatte. Sie trank einen kräftigen Schluck, nicht durch den Strohhalm, sondern aus dem Glas, fischte ihr Handy aus der Handtasche, googelte *parvy der sommer im eis* und *wie sieht parvy heute aus*?

Kein Zweifel. Er war es. Anatol Parvy, der vor mehr als dreißig Jahren das Buch geschrieben hatte, das sie durch die schwärzesten Nächte getragen hatte. Ohne Parvy wäre sie jetzt nicht hier. Das Blut klopfte Cornelia in den Fingerballen.

»Bitte verzeihen Sie, dass ich Sie anspreche. Sind sie Anatol Parvy?«

Der Mann blickte auf, nahm die Sonnenbrille ab, erhob sich und bejahte.

»Ihr Buch hat mir vor dreißig Jahren das Leben gerettet. Ich weiß, das sind große Worte …« Cornelia Anhuber versagte die Stimme.

Parvy, ganz alte Schule, erhob sich, schwieg lange, holte ihren Mojito und lud sie höflich ein, an seinem Tisch Platz zu nehmen.

»Ihretwegen bin ich damals bis nach Warnemünde gefahren, wo Sie gelesen haben«, sagte Cornelia, nachdem sie sich etwas gefasst hatte. »Aber ich war einen Tag zu spät. Ich hatte mich im Datum vertan. Und jetzt sitzen Sie leibhaftig vor mir. Ich kann es einfach nicht glauben!«

»Ich fürchte, Sie haben sich wieder vertan«, antwortete der kraushaarige Herr freundlich. »Den Anatol Parvy aus Warnemünde gibt es nicht mehr.«

Der brennende Erich

Zu dem setzt ihr euch nicht auf die Bank. Der hat Ekzeme. Das ist ansteckend. Eine Zumutung, dass er überhaupt in die Kirche darf. Da vergeht einem die Andacht. Wenigstens geht er nicht zur Kommunion. Das würd einen grausen. So wie das nässt und stinkt. Warum bringt ihm der Pfarrer die Hostie nicht ins Haus? Dann hätten alle ihren Frieden. Und für den Erich wär's besser. Besser für sein Gemüt.«

So redeten die Leute über ihn. Nicht alle. Aber viele. Mein Vater redete nicht so über Erich. Leid tat der ihm. Dennoch hatte er nicht den Mut, beim Pfarrer zu intervenieren, als Erich vom Messbesuch ausgeschlossen wurde.

Erich war vier Jahre älter als ich. Seine Haut war so gerötet und entzündet, dass man glaubte, er habe sich einen schlimmen Sonnenbrand eingehandelt. Ich habe ihn nie anders gesehen, als an Händen und Armen bandagiert. Manchmal auch am Kopf. Die Haut zerspellte buchstäblich auf seinem Gesicht, weil er sich wund gekratzt hatte. Er litt an einer unbekannten Form von Neurodermitis, die nicht kuriert werden konnte.

»Schau nicht so aufdringlich!«, flüsterte meine Mutter, wenn Erich und sein Vater in unserer kleinen Gemischtwarenhandlung einkauften. Ich war fasziniert von diesem Gesicht, das in Flammen stand, konnte meine Blicke nicht kontrollieren.

Er ging nicht mit uns in die Schule. Er besuchte ein Internat für schwer erziehbare Jungen. Es hieß, er sei sanft, verfüge über eine Handschrift, die so winzig sei, dass man eine Lupe brauche, um sie zu entziffern.

Als er älter wurde, vertrug er das Tageslicht nicht mehr. Ein gleißender Frühlingsmorgen war für ihn Strafe. Die letzten zwei Jahre seines Lebens verbrachte er in einem abgedunkelten Zimmer. Er begegnete mir nicht mehr, obwohl er nur ein paar hundert Meter entfernt von uns wohnte. Auch sein Vater kaufte nicht mehr bei uns ein.

»Ja, der Herrgott. Der hat den Erich deshalb so früh heimgeholt, weil er Mitleid mit ihm hatte. Der Bub muss nicht mehr jeden Tag verbrennen. Der liegt jetzt im Schatten des Paradieses«, predigte der Pfarrer in der bis zum letzten Platz gefüllten Kirche.

Das mit dem Misstrauen

»Du kannst sagen, was du willst. Es hat etwas mit den Leuten gemacht«, äußerte Pia gegenüber Lotte. Nach einem Jahr der Unwägbarkeiten waren sich die einander bekannten Frauen zufällig in einer Boutique wiederbegegnet.

»Alles heiße Luft«, winkte Lotte ab. »In zwei Jahren kräht kein Hahn mehr danach. Die Flüge werden noch billiger, die Menschen reisen noch mehr, die Pharmaindustrie lacht sich ins Fäustchen, der Regenwald verschwindet ganz, in München werden die Sommer so heiß wie in Dubai, und im Ruhrgebiet regnet es ohne Ende.«

»Ich meine das Misstrauen. Überall so viel Argwohn«, erwiderte Pia nachdenklich. »Jeder wittert eine Gefahr. Jeder denkt, der Andere will ihm ans Bein pinkeln.«

»Blödsinn. Erinnerst du dich noch an BSE? Da wurden vier Millionen Rinder geschlachtet. Mein Karlheinz war in Panik. Oder die Vogelgrippe, an der weltweit fünfhundert Menschen gestorben sind. Meiner ging zwei Wochen nicht mehr aus dem Haus. Und dieser Kim Dingsda in Nordkorea. Er sagte, also mein Karlheinz sagte: Pass auf, Lotte, jetzt kommt der Atomkrieg. Das wird ein Weltenbrand. Oder die Geschichte mit Lehman Brothers, die Bankenkrise. Da hatte er Verarmungsängste, das kannst du dir nicht vorstellen. Er hat dann in Immobilien investiert. Jetzt kauft er Lebensmittelaktien. Essen muss der Mensch. Egal in welcher Krise. Aber das Magengeschwür ist ihm geblieben ...«

»Du bist jünger geworden«, unterbrach Pia Lottes Geschnatter.

»Das ist aber lieb von dir.«

»Und abgenommen hast du auch, wie ich sehe. Steht dir gut.«

»Das sagst du, weil *du* abgenommen hast.«

»Ich habe nicht abgenommen.«

»Freilich hast du abgenommen! Als wir uns das letzte Mal begegnet sind, warst du fülliger im Gesicht.«

»Hast du etwas von den Urbans gehört?«

»Was willst du mir damit unterstellen?«

»Ich unterstelle nichts. Ich frage nur.«

»Du denkst, ich bin auch eine Verschwörungstheoretikerin.«

»Wie kommst du auf sowas?«

»Weil die Urbans Verschwörungstheoretiker sind.«

»Jetzt mach einen Punkt, Lotte. Ich habe doch nur nach den Urbans gefragt.«

»Ja, aber da war so ein Unterton in der Frage.«

Der Festredner

Oswin Flemm stand in dem Ruf, der umstrittenste Kolumnist deutscher Zunge zu sein. Wenn er denn endlich eine Kolumne schriebe, wie man hinzufügen muss. Dieses Renommee hatte er sich Mitte der siebziger Jahre in einer zehn Zeilen langen Glosse mit dem Titel *Gudrun Ensslin, eine Hl. Jungfrau Maria* erschrieben. Der Text entzweite die Nation. Staatsanwälte, Universitäten und der Vatikan sahen sich mit Flemms These befasst.

Der Intellektuelle schwieg viele Jahre, zumal ihm ein großes Magazin einen unbefristeten Vertrag gab, der ihn in keiner Weise nötigte, eine Silbe zu publizieren. Also lebte Flemm von den Hoffnungen des Herausgebers, fuhr einen Ferrari Testarossa und spielte für sein Leben gern Diabolo. Das Schweigen vermehrte seinen Ruhm.

Plötzlich schrieb er wieder, und zwar drei Tage nachdem der Terrorist Osama bin Laden von den Navy SEALs erschossen worden war. *Bin Laden, ein Hl. Franziskus* hieß die Kolumne, die sofort Staatsanwälte, Universitäten sowie die arabische Welt auf den Plan rief.

Flemms ungeheuerliche Wirkung im öffentlichen Diskurs brachte den Intendanten der Burgfestspiele Buxhausen auf die Idee, diesen *universalen Beleidiger*, wie er nunmehr genannt wurde, als Festredner einzuladen. Das war im Jahr der #MeToo-Debatte. Flemm kam tatsächlich. Mit ihm ein Tross von Journalisten, den die Burgfestspiele noch nie gesehen hatte. Der kleine, schüchtern wirkende Herr fasste sich kurz: Man solle *diesen Schlampen den Kopf auf den Tisch knallen und sie mal so richtig* … Eklat, Tumult.

Staatsanwälte, Universitäten und sämtliche Frauenorganisationen waren sofort zur Stelle.

Flemm wurde zum gesuchtesten Festredner überhaupt. Bei den Salzburger Festspielen ging die Sache jedoch schief. Dort sprach er über Reue, Vergebung, ein neues Miteinander. Zur allgemeinen Verblüffung redete er über eine Stunde. Die Live-Schaltungen wurden abgebrochen. Der Vortrag evozierte Langeweile und Enttäuschung.

Seitdem ist Oswin Flemm aus dem medialen Bewusstsein praktisch verschwunden. Der Lebensvertrag mit dem großen Magazin ist angeblich noch in Kraft.

Vorfreude

Hinter der Lattentür im Kellerabteil der Familie Dobek begann es zu wispern. Das Geräusch drang aus dem Regal, wo die Kartons mit dem Christbaumschmuck verstaut waren. Ein bemaltes Schaukelpferdchen hatte sich das Seidenpapier vom Rumpf gestrampelt, in das es verpackt worden war. »Bist du wach?«, fragte es den hölzernen Bergmann, der neben ihm ruhte.

»Wie kannst du fragen!«, empörte sich der Bergmann. »Es ist zwei Tage vor Heilig Abend!«

»Nicht so laut!«, ermahnte das Pferdchen. »Die anderen schlafen noch.«

»Tun wir nicht«, ließ sich eine feuerrote, mundgeblasene Christbaumkugel vernehmen. »In meiner Schachtel sind alle putzmunter.«

»Hast du richtig gezählt?«, wollte eine mit Rauschgold verzierte Walnuss vom Bergmann wissen.

»Ich verzähle mich nie«, antwortete jener fast gekränkt. »In zwei Tagen ist es so weit.«

»Aber du hast doch mehr als zehn Monate geschlafen.«

»Gedöst, nicht geschlafen.«

»Ich weiß nicht, ob ich mich überhaupt freuen soll«, äußerte die silberne Weihnachtsbaumspitze und gähnte. »Vergangenes Jahr haben die Dobeks beim Christbaumschmücken in einer Tour gestritten. Und ich vergesse nicht, was Frau Dobek geflüstert hat.«

»Was hat sie geflüstert?«, fragte das Pferdchen.

»Sie hat gesagt, dass sie den ganzen Firlefanz leid ist. Damit meinte sie uns.«

»Jetzt mach ihm doch keine Angst«, ärgerte sich der Bergmann. »Keine Sorge, Pferdchen. Morgen Abend prangst du am Baum.«

»Wie gewählt er sich ausdrückt«, entzückte sich die Walnuss.

»Ich habe ein ungutes Gefühl«, schürfte die Spitze nach.

»Ach, du meinst, alles besser zu wissen, nur weil du ganz oben bist und angeblich den Überblick hast«, giftete die feuerrote Kugel.

Am folgenden Morgen hörten alle das Klappern des Vorhängeschlosses an der Lattentür. Sie hielten den Atem an, lauschten, vernahmen Schritte. Die Schritte kamen näher, verstummten, entfernten sich wieder.

»Du hast dich wirklich nicht verzählt?«, fragte das Pferdchen den Bergmann in einem Tonfall, der die Antwort schon ausdrückte.

»Seltsam«, antwortete der Bergmann. »Nach meiner Berechnung ist heute Heilig Abend.«

Ami

Rebbe Weiskopf hatte eine Tochter, die keinen Mann fand. Darum lief er um Rat zu Rebbe Teitelbaum nach Brod, weil er wusste, dass dieser einen Sohn hatte, der keine Frau fand.

»Shalom Alechem!«, grüßte Weiskopf.

»Alechem Shalom!«, Rebbe Teitelbaum.

Sagte Weiskopf: »Mir tut das Herz weh. Ami, meine Tochter, ist so ungestalt, dass keiner sie haben will. Dabei ist sie fromm, fleißig und von reinster Empfindung. Aber ihr abfallendes Auge, das vorstehende Kinn und die platte Nase lassen sie die Liebe nicht finden.«

Antwortete Teitelbaum: »Auch mein Herz brennt. So sehr ich suche, ich finde keine Frau für Tuvia. Wer will schon einen Krüppel mit einem Blatterngesicht, der zu alledem noch stottert?«

Die Rebbes klagten einander wortreich ihren Kummer und fanden just im selben Augenblick zur gleichen Idee. Federleicht tänzelte Rebbe Weiskopf in sein Schtetl zurück.

Schon am ersten Tag des zunehmenden Mondes wurde Hochzeit gefeiert, und es ist wahr: Ami hatte sich unsterblich in Tuvia verliebt. Einbildung hin oder her.

Die jungen Eheleute lebten in erbärmlicher Armut, was sehr verwunderte, zumal Tuvia Schreiber in der Stadtverwaltung von Brod war.

Frug Ami: »Liebster, wohin ist das Geld schon am zehnten des Monats?«

Erwiderte Tuvia: »Ich bin nicht mehr allein.«

Ami schämte sich, die Ursache für Tuvias Sorgen zu sein,

bat ihren Vater verschwiegen um Geld für Baumwolle und Goldgespinste, begann in den Nächten, da ihr Mann zusätzlich in der Schreibstube sitzen musste, Goldlamé für Gebetschals, Brusttücher und Kippot zu klöppeln. Sie war darin so geschickt, dass bald von überallher Bestellungen eintrafen, ja sogar aus Lemberg. Was niemand wusste: In ihre kleinen Meisterwerke wirkte sie versteckt den Namen Tuvia ein.

Aber sie fanden kein Auskommen, zumal sie bald zu dritt sein würden, wie ihr Mann lamentierte, was Ami einsah. Bis sie vom Kantor des Tempels erfuhr, dass sich Tuvia nachts bei Huren herumtreibe und in Opiumhöhlen.

Von diesem Tag an wurden Amis Stickereien noch zarter und das Augenmerk noch größer, den Namen ihres Liebsten zu verbergen.

Schwarzweiß

Unser Mann mit Hut wurde von Tag zu Tag ratloser. Die neue, gute Zeit brach nicht an, von welcher der Präsident der blauen Berge und der grünen Seen gesprochen hatte. Die Menschen verlernten einander zu umarmen, obwohl die Gefahr gebannt war. Die Herzlichkeit wurde weniger, der Abstand größer. »Ein Pessimist ist aus dir geworden, du Mann mit Hut!«, rügte er sich beim Rasieren. »Einer, der nur schwarz sieht.«

Obwohl er sich vornahm, an seiner Einstellung zu arbeiten, wurde er nicht froh. Er bekam plötzlich Sehnsucht nach den Tagen, da er jung gewesen war.

Was brauche ich, um wieder glücklich zu sein?, dachte er, als er die Espressomaschine bediente. Er fand, dass es dazu keiner Espressomaschine bedurfte. Also beschloss er, Kaffee zu brühen wie früher, trug die Maschine in den Keller. Da vibrierte sein Handy. Das Display zeigte die Nummer seines ältesten Freundes, des Mannes mit Bart. Es klingelte vergeblich, weil unser Mann folgerte, dass Glückseligkeit auch mit einem Wählscheibentelefon zu finden sei. Die Erinnerung heimelte ihn an, wie er vor dem Telefon mit Viertelanschluss gewartet hatte, bis es in der Leitung knackte und er endlich Karla Burger anrufen konnte. Im Arbeitszimmer ging ihm auf, dass man auch ohne Internet zuversichtlich in die Welt blicken könne.

Im Folgenden beschaffte er sich auf Flohmärkten Leuchten in Kugelform, Schränke mit Spinnenfüßen, Nierentische und einen Sitzsack. Sogar die Türschlösser tauschte er gegen alte Schlösser aus. An Kleidung trug er nur noch Dreiteiler mit Einstecktuch.

Fern zu sehen gab er auf, kaufte stattdessen Berge von DVDs mit Schwarzweißfilmen, sah sich alle Staffeln mit Erik Ode als *Kommissar* an oder *Graf Yoster gibt sich die Ehre*. Wenn er nicht einschlafen konnte, lauschte er dem Funkverkehr zwischen Apollo 11 und Mission Control.

Er wurde glücklich, das heißt, nicht ganz. Als er eines Morgens den Hut vom Kleiderhaken nahm, bemerkte er, dass er keine Farben mehr sehen konnte. Die Landschaft um ihn herum war nur noch schwarzweiß.

Da beschloss unser Mann, einen Augenarzt zu konsultieren.

Der Tannenmann

Auf der Schatt stand ein Gehöft, dessen Grundmauern noch zu erahnen sind. Heute ist der Steilhang ein unwegsames Gelände, das von rostigen Lawinenrechen durchzogen wird. Bis in die achtziger Jahre war die Schatt das Auskommen einer Familie, die dort die abschüssigen Bergwiesen bewirtschaftete. Mit dieser Familie ist ein Ereignis verknüpft, das zu einer Katastrophe im Dorf führte.

Schon die Vorfahren jenes Mannes, der in den Erzählungen der Alten der *Tannenmann* genannt wird, hatten damit angefangen, den Bannwald zu roden, weil der karge Boden nicht zum Leben reichte. So trotzten die Diems – so hieß die Familie – der Natur immer größere Weideflächen ab. Bis ein Weihnachten kam, das zuerst frühlingshaft anmutete, bald darauf in einen merkwürdig stillen, aber ungeheuerlich dichten Schneefall überging, der zwei Tage und Nächte anhielt. Weil sich der Schnee mit dem noch warmen Boden nicht verbinden konnte, rumorten schon am Dreikönigstag erste Schneebretter von den Hängen, bis zwei Tage später eine Staublawine von der Schatt herabdonnerte und fast ein Drittel des Dorfes – Höfe, Menschen und Vieh – mit sich riss.

Das Haus der Diems blieb verschont, obwohl es mitten im Lawinenhang stand. Die Lawine hatte sich geteilt, was geologisch durch eine faltenartige Erhebung des Geländes zu erklären ist, aber das begriffen die Bewohner damals nicht.

Großes Leid kam über die Diems, die man als die Schuldigen ausmachte, weil sie den Schutzwald angetastet hatten. Irgendwann glaubten sie selbst daran und blieben nur aus purer Ausweglosigkeit im Dorf wohnen. Sie wollten das Unglück wiedergutmachen, weshalb der Sohn anfing, die Schatt aufzuforsten. Unermüdlich sah man ihn im Herbst und im Frühjahr Tannensetzlinge eingraben, viele Jahre lang. Im Sommer kraxelte er mit der Sense hoch und befreite den noch zarten Jungwald von stacheligen Brombeerranken.

An jenem Abend, da er das letzte Bäumchen eingepflanzt hatte, begann es zu regnen. Daraus wurde ein Starkregen, der nicht mehr aufhörte. Am zehnten Tag riss eine Mure das Gehöft des Tannenmanns in den Abgrund.

Nichts ist umsonst und alles

Der Herzog von Vizcaya hatte zwei Söhne. Rodrigo war ehrgeizig, Nuño ein Träumer. Obwohl der Vater sie im Gleichmaß von Lob und Züchtigung erzog und in seiner Zuneigung keinen Unterschied machte, hätten die Brüder unterschiedlicher nicht sein können. Nur eines hatten sie gemeinsam: Sie brannten danach, ein Mal im Leben Jerusalem zu schauen.

Als sie mannbar geworden waren, traten sie die ungewisse Reise an. Vizcaya ließ sie nicht gemeinsam fahren, sondern übergab jeden der Obhut eines Ritters, der mit seinem Haufen auf einem anderen Weg nach Akkon zog. So hoffte er, wenigstens einen Sohn wieder lebend zu sehen, käme der andere um.

Die Brüder galoppierten los. Aber schon in der Kantabrischen See zerschellte Rodrigos Kogge an einer Felsenküste. Das Unglück wäre vermeidbar gewesen, hätte Rodrigo den Steuermann nicht gezwungen, abzulegen, anstatt den Sturm abzuwarten, und so mussten sie in entgegengesetzter Richtung auf dem Landweg weiterziehen. Am Fuße der Serra de Collserola geriet er in maurische Gefangenschaft, die er mit Lösegeld hätte beenden können. Rodrigo griff zu einer List, entkam, kehrte nach zwei Tagen um und ließ die Mauren abschlachten. Vor den Toren des belagerten Akkon verliebte er sich in eine sardische Prinzessin. Obwohl sie ihm zugetan war, nahm er sie gegen ihren Willen, worauf sie sich selbst den Tod zufügte. Nach Monaten der Entbehrung, des Plünderns und Mordens, stand er vor dem Heiligen Grab. Er sank auf die Knie, empfand nichts.

Und Nuño? Während der ganzen Zeit hatte er nicht einmal zehn Tagesritte hinter sich gebracht. Schon am ersten Abend war er einem Klang gefolgt, der ihn zauberisch anzog. Im Haus des Kaufmanns Murad lernte er die Kemençe spielen. Yakuv der Geldwechsler unterwies ihn in der Kabbala, und auf der Burg des Don Vela begegnete er einer Hofdame, deren Augen schöner anmuteten als ein glatter Bergsee.

Als nach drei Jahren endlich auch Rodrigo aus Jerusalem zurückkehrte, war die Freude des Herzogs von Vizcaya groß. »Hast du Gott geschaut?«, fragte er Rodrigo.

»Ich habe nichts gesehen. Nur Mühsal.«

Die Schildkröte und das Philodendronblatt

Am Strand von Lopes Mendes näherte sich eine Landschildkröte mit flammend orangefarbenen Hornschuppen einem Philodendronblatt, um es zu verspeisen.

»Finden Sie nicht auch, dass die Sommer immer heißer werden?«, fragte das opalglänzende Blatt.

»Den Trick kenne ich«, antwortete die Schildkröte. »In ein Gespräch verwickeln und ablenken.«

»Gut«, sagte das Blatt ergeben, »dann fangen Sie wenigstens nicht beim Stiel an, sondern an der Blattspitze.«

»Ach, noch letzte Wünsche äußern?«, verwunderte sich die Schildkröte und beäugte das Blatt von oben bis unten.

»Ich sage nur, dass die Sommer trockener werden und die Regenzeiten verheerender.«

»Was weiß ein kurzlebiges Blatt von Trocken- und Regenzeiten«, amüsierte sich die Schildkröte.

»Sie werden den Klimawandel doch nicht etwa leugnen?«

»Zwei Dinge, bevor ich mich auf ein Gespräch mit dir einlasse, du dummes, unwissendes Blatt. Erstens, ich bin nicht wirklich hungrig, was mich, zweitens, nicht davon abhalten wird, mich an dir zu laben – samt Stiel.«

»Kann man sachlich mit Ihnen reden? Erklären Sie mir die Feuerhöllen im Norden und die Überschwemmungen im Süden.«

»Willst du das wirklich wissen?«

»Ich bitte darum.«

»Es ist alles eine Frage der statistischen Signifikanz, um es nüchtern auszudrücken. Wenn man wie du nur kurz lebt, mag einem das gegenwärtige Klima wie ein Weltuntergang vorkommen. Wenn man aber wie ich über hundert Jahre auf dem Buckel hat, sieht die Sache anders aus. Ich habe viele Dürren und Hochwasser hinter mir. Die Temperatur- und Niederschlagsmessreihen, die ich seit den vierziger Jahren des vergangenen Jahrhunderts führe, ergeben im statistischen Mittel keinerlei Signifikanz.«

»Also doch eine Leugnerin der Erderwärmung«, konstatierte das Blatt und wogte beruhigter im sanften Strandwind.

»Das sind klimapopulistische Äußerungen, die ich entschieden ablehne! Meine Vorfahren reichen bis ins Eozän zurück. Die könnten erst Geschichten erzählen!«

Das Blatt blieb streitbar, bis die Schildkröte den Kopf hängen ließ und davonzog.

»Ich wollte doch … Was wollte ich noch?«, überlegte sie.

Das Männchen

Im Savannenhochland des Ngorongoro graste eine Herde von Kuhantilopen. Es herrschte paradiesischer Frieden. Der golden flirrende Sonnenteller versank hinter Akazienbäumen, und der Horizont glomm rubinrot auf. Nichts konnte die Ruhe trüben, seit die Herde den Krater verlassen hatte und heraufgewandert war, denn in der Ebene hatten drei Clans von Hyänen damit begonnen, den Antilopen das Leben zur Hölle zu machen.

Wie immer rotteten sich die Antilopen nachts in Gruppen zusammen, und am andern Tag fehlte nie ein Tier. Bis eines Morgens ein Haufen plötzlich panisch auseinanderstob, weil in seiner Mitte ein bis auf die Knochen abgenagtes Weibchen lag. Die Irritation war deshalb so groß, weil niemand die Witterung des Feindes hatte aufnehmen können.

Als in der folgenden Zeit nicht nur ein, sondern mehrere Tiere gleichzeitig gerissen wurden, rief das Männchen die Herde zusammen. »Zwar wissen wir nicht, wer und was es ist, aber habt keine Angst. Wenn ihr tut, was ich sage, sind wir sicher.«

Die verstörten Antilopen nickten mit ihren rundhakigen Hörnern. Das Männchen ließ alle dicht beisammen ruhen. Es selbst wollte Wache halten. Doch als der Himmel graute, lagen wieder tote Tiere im Buschgras. So ging es fort, fast jede Nacht.

Aufgrund der unsichtbaren Gefahr verloren die Antilopen ihre natürlichen Instinkte, stürzten im steilen Gelände, brachen sich die Glieder und verendeten. In jedem Rascheln lauerte jetzt der Tod.

»Hört zu!«, forderte das Männchen. »Es ist gut, wenn wir uns vereinzeln. Jeder schläft an einem gesonderten Platz.«

Viele hielten sich daran, viele nicht, und am Morgen sahen alle das übliche Blutbad. Da wurde das Männchen wütend. »Wie soll ich euch retten, wenn ihr nicht gehorcht?«

Als letzten Ausweg beschloss die Herde, wieder hinabzuwandern auf den Kraterboden. Aber schon im glutroten Sonnenuntergang stürzten ein Löwe und ein Clan Hyänen gleichzeitig auf die Antilopen los und zerfleischten zwei von ihnen.

Das Männchen, da es nichts hatte ausrichten können, verließ im Mantel der Nacht die Herde und kehrte nicht mehr zurück.

Der Experte

Anlässlich einer Livezuspielung in den Abendnachrichten einer großen Fernsehanstalt stellte der Moderator den ihm zugeschalteten Experten wie folgt vor:

»Ich begrüße jetzt im Studio in Gießen Herrn Prof. Christof Lusch. Herr Lusch ist Philosoph, Hörbuchsprecher, Musiker, Astrophysiker, Historiker, Sänger, Soziologe, Meeresbiologe, Umweltwissenschaftler und Seelsorger. Sein bahnbrechendes Buch *Die Vereinsamung des Menschen in der digitalen Welt* hat ihn zu einem wichtigen Denker der Gegenwart gemacht. Lusch hat sich aber auch mit den Fragen des Pauperismus und der Existenzunsicherheit auseinandergesetzt sowie mit den Problemen des Personalleasings.

Ein besonderes Anliegen ist Herrn Lusch der Klimawandel. In seinem Buch *Darum sind Wale gut fürs Klima* erbringt er den Beweis, dass die Katastrophe nur durch die Erhaltung der Wale gestoppt werden kann. Ferner geht Lusch den Fragen nach, wie unsere Gesellschaft auf Aliensignale aus entfernten Galaxien reagieren würde und warum nicht Nichts ist. Er hat sich mit den Theorien zur Erbauung der Chufu-Pyramide befasst, mit der Nachfolgeregelung bei Kaiser Augustus, hat den endgültigen Beweis erbracht, dass zwölf Menschen den Mond betreten haben. In musiktheoretischer Hinsicht forscht er über die Konsonantenbehandlung im Werk von Tomás de Santa María und – gemeinsam mit einem Team aus Psychologen und Hals-Nasen-Ohrenärzten – an der Erhärtung der These, dass sich Beethoven vor seinen Gläubigern in die Taubheit geflüchtet habe.

Prof. Lusch ist ein exzellenter Kenner des petrinischen Prinzips, veröffentliche Artikel zur Unfehlbarkeit des Papstes im *L'Osservatore Romano*. Er ist ein passionierter Wanderer, macht alljährlich eine Wallfahrt von Heiligenstatt nach Altötting.

Aber heute ist Herr Lusch zur Erörterung der angespannten Lage in Deutschlands Kindertagesstätten zu Gast. Ich danke für Ihr Kommen und auf Wiedersehen nach Gießen. Wir machen weiter mit dem Klimawandel …«

Das Kamerabild fror auf dem ebenso erstarrten Gesicht des Experten fest. Der Moderator wurde nach der Sendung vorübergehend beurlaubt.

Der letzte Leser

Als die letzte Buchhandlung in Berlin zusperrte, bot sich ein Innendesign-Büro an, die gesamte Ausstattung des Ladens um einen symbolischen Betrag zu erwerben. Wenn überhaupt werden heute Bücherwände durch wandfüllende Oled-Screens in HDR-Qualität simuliert, die eine verblüffende Plastizität erzielen. So ein Setting erzeugt Behaglichkeit, ermüdet aber rasch, weshalb per Sprachbefehl auf andere digitale Bildhintergründe oder Texturen gewechselt werden kann. Eine Graffitiwand in SoHo, das Matterhorn im Alpenglühen, ein Slum in Rio de Janeiro als Mahnung, wie gut man es eigentlich hat in seinen vier Wänden.

Dennoch scheint es Nostalgiker zu geben, die ein Buch oder Druckwerk in Händen halten wollen. Einfach um der alten Zeiten willen. Auf diese Zielgruppe hat sich das besagte Innendesign-Büro spezialisiert.

»Man kommt mehr schlecht als recht über die Runden«, erzählt der Büroleiter. »Die Speditionskosten sind enorm im Vergleich zum tatsächlichen Wert des ganzen Plunders. Ein Buch hat keine Bedeutung mehr, abgesehen davon, dass es unhandlich ist.«

An jenem Vormittag, als der Laden leergeräumt wurde, kam zufällig Herr Bysko daran vorbei und sah den Möbelpackern eine Weile zu. Weil er in Pension war und also nicht in Eile, betrat er die Räumlichkeit, sah sich um und setzte sich auf einige Bände des Großen Brockhaus. Dabei fiel der Blick auf ein blaues Buch mit Goldschnitt: Adalbert Stifter – *Bunte Steine*. Behutsam nahm er den Band vom

Boden auf, öffnete ihn vorsichtig, wie er es immer mit seinen Bücher getan hatte und suchte die Passage mit der mysteriösen Lichterscheinung in der Erzählung *Bergkristall.* Er begann zu lesen, verlor sich. *Wie die Kinder so saßen, erblühte am Himmel vor ihnen ein bleiches Licht mitten unter den Sternen …*

»Diese muss nehmen!«, maulte ein stämmiger Kerl, deutete auf den Brockhaus und holte Herrn Bysko unsanft in die Gegenwart zurück.

»Die eisigkalten Lichtgarben haben die Kinder vor dem Erfrieren gerettet«, sagte Herr Bysko leise.

Der Möbelpacker wandte sich ab, weil er sah, dass die Lippen des Alten bebten.

Lykke

Am Fuß des Vikafjell in der norwegischen Bergtundra lebte eine Gerfalkenfamilie. Ihr Gefieder war makellos weiß, bloß der breite Schwanz war nachtfarben gesäumt. Von den vier Küken hatte nur eins überlebt, weil im April der arktische Winter zurückgekehrt war. Darum nahm die Mutter den Nestling ängstlich unter die Fittiche und wärmte ihn zwischen ihren Flügeln, während der Vater die Beute zum Horst heranflog.

»Lykke, hör auf zu betteln!«, ärgerte sich die Mutter. »Du könntest zur Abwechslung die Flugmuskeln trainieren, deinem Vater zusehen, wie er ein Schneehuhn schlägt. Das wirst du nämlich bald selber tun müssen.«

Lykke spähte mit seinen dunklen, gelb umringten Augen in den Himmel, wo unter hastigen Wolken der Vater im kreisenden Suchflug nach Beute Ausschau hielt, plötzlich auf die offene Landschaft hinabschoss, zwischen Zwergsträuchern einen sitzenden Vogel aufschreckte, ihn aber verfehlte.

»Mir wär er nicht entwischt«, prahlte Lykke.

»Lern erst einmal, wie man Beute greift«, erwiderte die Mutter. »Hab nämlich keine Lust, dauernd runterzufliegen und die Essensreste aufzusammeln.«

Ein kurzer Sommer legte sich über den Permafrostboden, färbte die Heide strahlend orange. Lykke war flügge geworden. Seit geraumer Zeit beobachtete er einen ausgewachsenen Polarfuchs, der geruhsam im Revier wilderte, als gäbe es keinen Feind weit und breit.

»Von dem lässt du schön deine Fänge!«, ermahnte der Vater. »Der ist zu groß für unsereins.«

Der Fuchs ging Lykke nicht aus dem Sinn. Als er ihn unvermittelt neben einer krummen Zwergbirke vorstehen sah, schoss er von seinem Horst frontal auf ihn zu. Die Wucht des Zusammenpralls und der anschließende Biss in den Nacken töteten den Polarfuchs auf der Stelle.

»Du hast wohl eine Meise!«, polterte der herbeigeschnellte Vater. »Er hätte dich in der Luft zerfetzen können!«

Von diesem Tag unternahm der Vater alles, um Lykke die Kunst der bedachten Beutejagd beizubringen. Nie mehr sollte es Lykke gelingen, ein so großes Tier zu schlagen. Er wurde ungewöhnlich alt, lebte ein gefahrloses, aber eintöniges Leben.

Die Diebin Adamik

Frau Adamik stahl aus Not. Zwar hätte ihre kleine Pension ausgereicht, um eigentlich nicht stehlen zu müssen, aber da war ihr Enkel Lutz, der Jura studierte. Das Studium hatte keinen Fortgang, die Miete stieg von Jahr zu Jahr, und so begann Frau Adamik zu stehlen.

Einmal stahl sie aus purer Freude und aus Erinnerung daran, wie unvergleichlich schön das Leben doch duften konnte. In der Parfümerieabteilung des *KaDeWe* öffnete sie ihren grünen Turnbeutel, ließ darin einen sündteuren Flacon verschwinden und zurrte den Beutel blitzschnell zu.

Das sah der Kaufhausdetektiv, denn er hatte ein Auge für nervöse Blicke und unvermittelte Bewegungen. Dezent folgte er ihr bis zum Verlassen der Kasse. Vorsichtig legte er die Hand auf Frau Adamiks Schulter und bat höflich, ihm zu folgen. Er zeigte diskret seinen Ausweis. Der Dame wurde schwarz vor Augen.

»Hätten Sie bitte die Freundlichkeit, ihren Turnbeutel zu öffnen?«, verlangte er mit ruhigem Ton in der Stimme. Im selben Augenblick klingelte sein Handy. Er fischte es aus seiner Hosentasche, wandte sich ab.

Frau Adamik ergriff die unverhoffte Chance, eilte davon. Aber nicht aus dem Kaufhaus, sondern zurück in die Parfümerieabteilung. Verzweifelt suchte sie den Regalplatz, von wo sie das Eau de Toilette entwendet hatte. Sie fand ihn und stellte den *Duft des Lebens* wieder an seinen Ort zurück. Dann schöpfte sie tief Atem und ging, noch etwas zittrig in den Knien, zur Kasse. Der Detektiv war verschwunden.

Wie sie es immer zu tun pflegte, verwickelte sie die Kassiererin in ein kurzes Gespräch, öffnete dabei zum Schein den grünen Turnbeutel. »Nichts dabei«, sagte sie noch, als sie auf ihrer Schulter einen sanften Druck verspürte.

»Haben Sie mich nicht verstanden? Bitte öffnen Sie jetzt Ihren Turnbeutel!«

Frau Adamik sah den Detektiv versteinert an. Sein Handy klingelte noch immer, aber er machte keine Anstalten, den Anruf anzunehmen. Sein Blick hatte jede Freundlichkeit verloren.

Zögerlich öffnete die alte Dame den Beutel.

»Bitte folgen Sie mir in mein Büro, damit ich Ihre Personalien aufnehmen kann.«

Mollitzer und die Beredtheit

Studienrat Emil Mollitzer liebte die deutsche Sprache und was sie ihm an Subtilität im alltäglichen Umgang anzubieten wusste. Zum Leidwesen seiner Schüler übte er alte Konjunktivformen ein, sagte nicht *ich würde denken*, sondern *ich dächte*, sprach nicht von *Mond* und *Brot*, sondern vom *Monde* und vom *Brote*, trainierte die freie Rede in Schachtelsätzen und Parenthesen, die nach vielen Volten zum anfänglichen Hauptsatz zurückführen, ihn wieder aufnehmen und korrekt zu Ende bringen mussten. Seine Gedanken pflegte er so auszudrücken, dass immer auch das Gegenteil dessen möglich war, was er gerade formuliert hatte, um das Vorurteil zu widerlegen, den Deutschen sei Doppelbödiges von Grund auf wesensfremd. Die Schülerinnen siezte er mit dem Vor-, die Schüler mit dem Nachnamen.

Sprachgewandtheit ist Macht, lautete sein Credo, das er den Kindern mit auf den Lebensweg gab. Ihm war klar, dass er gegen Windmühlen kämpfte, diesem Don Quijote der Wortgewalt mit dem dürren Körper und dem zugeschlossenen Gesicht. Deshalb bat er um vorzeitige Entlassung aus dem Schuldienst. Das Gesuch wurde abschlägig beschieden. Also stand er weiter im Schlachtfeld, umringt von falschen Verbflexionen, vertauschten Dativ- und Akkusativobjekten, übermächtigen Anglizismen und fehlenden Kommata. Er zählte die Monate bis zu seiner Pensionierung.

Es war Sonnabend, vor Ladenschluss. Emil Mollitzer hatte noch eine Besorgung für seine Frau zu erledigen.

»Greyerzer. Reif, nicht extrareif. Ist das angekommen?«

Er war ohnehin in Eile, lief zur Käsetheke, davor sich eine beträchtliche Dame mit Einkaufswagen aufgebaut hatte, die keinerlei Anstalten machte, zu weichen. Fünf Mal sprach er sie höflich an. Sie ignorierte es, wischte seelenruhig über ihr Handy.

Da brach es aus ihm heraus, und im Aufschrei lag das Scheitern eines lebenslangen Ringens um Schönheit. »Du dumme, blöde Fotze! Schieb endlich deinen Fettarsch von mir weg!«

Sprachgewandtheit ist Macht. Die Dame hechtete zur Seite.

Reif oder extrareif? Mollitzer war so über sich erschrocken, dass er sich nicht mehr erinnern konnte.

Italienreisende

Ich war Student und dabei, meine erste Italienreise entlang des alten Handelswegs über die Alpen zu unternehmen, als in Gries am Brenner die Kraftstoffpumpe meines braunen *Simca* in die Knie ging. In einem Gasthof rief ich den Pannendienst. Die Auskunft sagte, es dauere mindestens eine Stunde. Ich vertrieb mir die Zeit mit der Besichtigung der kleinen Pfarrkirche, legte mich auf der dahinter liegenden Bergwiese ins Sommergras, schlief ein.

Da hörte ich Männerstimmen und erwachte, obwohl ich schlief. Die Kirche mit dem Zwiebelturm war zur Kapelle geschrumpft. Die Landschaft tief verschneit. Der eine Mann war mir fremd, den anderen erkannte ich: bullig, Samtbarett, vierschrötiges Gesicht, eingeschlagene Nase, schwarzer Wollmantel. Er schwatzte unentwegt. »Merk auf, guter Jan! Aus einem verzagten Arsch kommt kein fröhlicher Furz.«

Ich sprang hoch und spürte, wie sehr ich fror. Die beiden Mönche sahen durch mich hindurch. Luther spuckte braunen Speichel aus. Bei der Pferdewechselstation entschwanden die Gestalten im Schneetreiben. Ohne einen Ton in der Stimme rief ich: »Herr Luther! Wir sollten reden! Sie laufen geradewegs in die Reformation!«

Bald darauf hörte ich Pferdewiehern. Ein Zweispänner flog durch den frühlingshaften Tag. Die Wagenräder blockierten scharf. Staub wirbelte auf. Aus dem gelben Kutschkasten sprang ein hochgewachsener, vielleicht fünfzehn Jahre alter Junge in Kniehosen, Weste und Rock. Sofort öffnete er seinen Hosenstall.

»Wolferl! Doch nicht vor allen Leut' das Wasser abschlagen!«

Der Junge kicherte stimmbrüchig. Sein Gesicht war von Blattern vernarbt. Schon saß er wieder im Kasten. Die Peitsche knallte.

»Herr Mozart!«, rief ich hinterher. »Sie richten Ihren Sohn zugrunde!«

Die Staubwolke legte sich. Das Dorf war größer geworden, und auch die Kirche. Die Luft roch nach Herbst. Wieder hielt eine gelbe Postkutsche. Aus stieg ein eleganter Mann in beigem Gehrock, setzte einen breitkrempigen Hut auf, musterte mich abschätzig – ich in Jeans mit T-Shirt – und sagte: »Ei, guggemol!«

Ich schwieg, hatte keine Fragen an Goethe.

Das Kamel

Heute gebe ich mir besonders Mühe«, sagte eine Quellwolke zu der anderen.

»Womit willst du dir Mühe geben?«

»Siehst du die Kinder, unten auf dem Spielplatz?« Die Wolke franste aus und verwandelte sich in ein Kamel. »Jetzt werden sie überlegen und grübeln, bis eines von ihnen ruft: Sieht aus wie ein Kamel! Wo siehst du ein Kamel? Na, die Beine, die beiden Höcker. Der Hals …«

»Aber der Kopf fehlt, meine Liebe«, entgegnete die Nachbarwolke. »Weil der Kopf fehlt, wird man dich für einen gewöhnlichen Blumenkohl halten und weiter nicht beachten.«

»Schon am Morgen so negativ! Gut, die Kondensationsrate ist noch zu gering. Aber gegen Mittag werde ich mich zu märchenhaften Figuren aufbauen, zu Drachen und zu Riesen.«

»Weißt du eigentlich, mit wie viel saurem Regen wir gesättigt sind? Ich würde mich an deiner Stelle nicht so inszenieren. Die Menschen haben keine Freude mehr an uns. Sind wir da, sind wir eine Bedrohung. Sind wir nicht da, sind wir auch eine Bedrohung.«

Die Wolke hörte nicht zu, weil sie ganz damit befasst war, zu einem mächtigen Herzen zu zerfließen.

»Ja, träum nur weiter, stell dich taub und verschließe die Augen! Irgendwann ist es zu spät, wenn es nicht überhaupt schon zu spät ist. Viel zu spät.«

»Musst du mir diesen famosen Tag denn so vermiesen?«, konterte die Verwandlungskünstlerin gekränkt, die sich eben anschickte, zum Elefantenrüssel zu werden.

»Gar nicht! Ich bin eben realistisch. Schon am Nachmittag werden wir alle zum Kumulonimbus mit einem gigantischen Amboss von hier bis nach da aufschießen und als verheerendes Unwetter über dem Landstrich niedergehen. Hagelschlag, Überschwemmung, Tote …«

Der Elefantenrüssel, der nun zur Gestalt eines Teddybären gefunden hatte, ließ sich von den Höhenwinden zerzausen und wegtreiben, weit weg von solch niederziehenden Gedanken.

Als der Abend kam, fand die Wolke endlich zu ihrer schönsten Form. Die Sonne rötete ihre Unterseite, während die Oberseite schon in halber Nacht lag.

»Sieht wirklich aus wie ein Kamel!«, entzückten sich die Kinder, deren Mutter gerade zum Abendbrot rief.

Die verhängnisvollen Fehler

René Bokúvka blickte in den diesigen Novembermorgen und haderte mit dem Leben. »Ach, könnte ich doch alle Fehler ungeschehen machen!« Da landete ein zeigefingergroßer Engel mit blaugrün schimmernden Flügeln auf seiner linken Schulter. »Kannst du, Bokúvka«, wisperte er.

Im selben Augenblick sah sich Bokúvka – wie er war, im bordeauxroten Schlafanzug – beim Inder sitzen, zu Sitarklängen Händchen haltend um Mathildas Hand anhalten.

»Ja, René?«, hauchte sie erwartungsvoll.

»Nichts. Nur so ein Gedanke«, antwortete Bokúvka, zog die Hände zurück.

Wie war er froh, Mathilda nicht geheiratet zu haben. Ihre fortwährende Unzufriedenheit, ihr Kontrollwahn, ihr lautes Organ, ihr nicht zu stillender Beischlafhunger, der missratene Sohn ... das alles blieb ihm erspart.

Auf jener verhängnisvollen Weihnachtsfeier, die ihn den Job gekostet hatte, saß er sturzbetrunken seinem Vorgesetzten gegenüber, der ihn ermutigte, rundheraus Kritik am Führungsstil zu üben. Bokúvka strich die Ärmel des Schlafanzugs glatt und vermied es, Worte wie Unfähigkeit, Stümper oder Scheißkerl in den Mund zu nehmen.

Wie war er erleichtert, es im Unternehmen in die Etage der Geschäftsführung gebracht zu haben, ein Haus in Hanglage zu besitzen und der Reiselust nach Südostasien frönen zu können.

Dort, in Bangkok, am Pool auf der Dachterrasse des Riverside Hotels, nahm er all seinen Verstand zusammen, küsste die mandeläugige Lolita nicht, obwohl sie ihm den Schlafanzug aufknöpfte und die Brusthaare kraulte.

Wie leicht wurde ihm zu wissen, dass eines Tages kein Mädchen mit Namen Tikky an der Haustür klingeln und Mathilda nach dem Verbleib von Dirty René fragen würde.

So machte der blaugrüne Engel alle Fehler ungeschehen und entschwand. Bokúvka breitete die Arme aus, gähnte zufrieden. Schon am selben Abend fühlte er sich allein in dem großen Haus. Er vermisste Mathildas Nachstellungen, die Bettelei seines Sohnes um Geld. Das Magengeschwür machte sich wieder bemerkbar, und beim Einschlafen dachte er an die vertanen Chancen in Bangkok.

Er rief den Engel, aber der Engel erschien nicht.

Abdels Fund

Bei Ausbesserungsarbeiten an einer Straße am östlichen Mündungsarm des Nil stieß der Baggerfahrer Abdel Shaker auf ein schwarzblau schimmerndes Objekt, das seine Aufmerksamkeit weckte. Er kletterte aus dem Führerhaus und sah einen behauenen, halbkreisförmigen Stein aus dem Schotter ragen. Abdul wischte mit der flachen Hand darüber, erkannte sofort, dass es Hieroglyphen waren. Vorsichtig scharrte er weiter und schlussfolgerte, dass der Fund tief in den Boden hinabreichte.

Er hatte Herzklopfen bekommen, lief zu einem Kollegen und berichtete von seiner Entdeckung.

»Schieb's wieder zu. Das gibt nur Ärger«, riet der Kollege und steckte sich eine Zigarette zwischen die goldenen Zähne.

Das hörte zufällig der Vorarbeiter des Bautrupps. Der rief sofort die Polizei an. Es dauerte nicht zwei Stunden, und die kleine Baustelle hatte sich in ein Hochsicherheitsgelände mit Absperrungen, Polizei- und Militärfahrzeugen verwandelt. Über Abdels Kopf kreiste ein Hubschrauber. Sonnenbebrillte Männer hetzten herum, redeten arrogant. Das waren die Leute von der Obersten Antikenbehörde.

Anderntags wurde das Objekt geborgen. Abdels Fund sollte die Ägyptologie in weltweite Schockstarre versetzen. Es handelte sich um eine tonnenschwere Stele aus Granit, in die – ähnlich wie auf dem *Stein von Rosette* – eine dreisprachige Inschrift gemeißelt war. Die Sensation wurde von Spezialisten für Altägyptisch, Demotisch, Koptisch und Altgriechisch untersucht, die Echtheit galt als erwiesen. Aber die Hieroglyphen ergaben keinen Sinn. Lediglich die beiden anderen Texte stimmten inhaltlich überein. Die Kartuschen mit dem Namen des Pharao führten nach der Entschlüsselungsmethode Champollions zu absurden Bezeichnungen wie *Plttrtt* oder *Schmckdrtrtz*. Waren die Hieroglyphen am Ende doch keine Lautschrift? War die anerkannte Dechiffrierung eine zwar taugliche, aber völlig falsche Lesart gewesen? War die Ägyptologie bei der Stunde Null angekommen?

»Hab's dir gesagt«, ätzte der goldzahnige Kollege gegenüber Abdul, als sie die Schlagzeile in der Zeitung sahen. »Schieb's wieder zu.«

Die Krämerin und der Alb

Als die Lüfte noch voller Geister und Abergeister waren, lebte im Hennegau eine Buckelkrämerin, die ihre Waren in einer Kiepe von Ort zu Ort trug und feilbot.

»Glas aus Venedig, Gewürze aus Candia, Rhinoceruspulver!«, rief sie, aber die wenigen Leute, die sie beachteten, mussten unvermittelt lachen. Das liebliche Gesicht der jungen Krämerin, ihr gefälliges Aussehen, wollte gar nicht zur Stimme passen, die sie erhob. Ihr Reden hatte eine so dunkle Färbung, dass es einer Bassstimme ähnlich kam. Darum stutzten die Leute und lachten. Einige lachten sich krumm, kauften nur, weil sie hernach das schlechte Gewissen ankam. Das grämte die Frau sehr. Sie haderte mit ihrem Schicksal.

»Alles gäbe ich, hätte ich nur eine wohlklingende Stimme«, brummte sie, als sie an einem Sommerabend am Waldrand ihr Lager aufschlug.

Da vernahm sie ein Murmeln in den Schwarzerlen. Ein Alb in zerlumpten Kleidern sprang aus dem Geäst herab, direkt vor ihre Füße. »Dein Weinen, Mädchen, zerreißt mir das Herz«, sagte der Zwerg.

»Ich will nicht mehr leben«, schluchzte die Krämerin.

»Dabei bist du so jung und auch so liebreizend«, verwunderte sich der Alb.

»Mein Organ nennst du liebreizend? Mich wundert's, dass du nicht lachst.«

»Wenn dich nur das bekümmert, will ich dir gerne helfen. Schließe die Augen und schlafe ohne Gram.«

Die Gestalt sprang mit einem wuchtigen Satz in die Erlenäste empor und verschwand.

Am Morgen erwachte die Krämerin, stimmte das Gotteslob an, wie sie es zu tun pflegte, nahm jedoch keine Veränderung in der Stimme wahr. Vielleicht ist es noch zu früh, überlegte sie, ging an den Fluss, um sich zu waschen. Im Wasser sah sie ihr Gesicht und schrie auf. Eine Fratze mit Warzen, schielenden Augen und schiefem Mund blickte sie an.

Wenn die Buckelkrämerin jetzt ihre Waren feilbot, lachten die Leute nicht mehr über die Stimme. Sie ekelten sich vor der Erscheinung überhaupt.

»Meinetwegen. Ich will es mit meiner Stimme aushalten. Aber gib mir die Schönheit wieder zurück!«, bettelte die Unglückliche jeden Abend beim Einschlafen.

Der Alb erschien nicht mehr.

Held und Vater

Nur ein »Da« trennte am 27. Oktober 1962 die Menschheit von einem nuklearen Inferno, aber ungezählte »Njet« trennten eine Tochter von ihrem Vater.

»Die Flotte stand immer an erster Stelle. Wenn er nach Hause kam, habe ich schon geschlafen. Ging er zur Arbeit, habe ich noch geschlafen. Es lag nur der Geruch seines Uniformmantels in der Luft. Der Geruch von Dieselöl«, erzählt Elena, die Tochter des sowjetischen U-Boot-Kommandanten Wassili Archipow, der sich weigerte, seine Zustimmung zum Abschuss einer Atomwaffe zu geben, die die US-Atlantikflotte in der Sargassosee vernichtet und den Dritten Weltkrieg ausgelöst hätte.

Es geschah am Höhepunkt der Kubakrise. Angstschübe umbrandeten die Welt. Der Bunkerwahn in den Vorgärten brach aus. Sowjetische Handelsschiffe mit getarnten Atomraketen an Bord hielten Kurs auf Kuba. Zu ihrem Geleit zählten vier Unterseeboote. Offizier Archipow war auf *B-59* stationiert und zugleich Kommandant aller vier U-Boote. Was die Amerikaner nicht wussten: Die U-Boote waren mit Nukleartorpedos bestückt.

Da riss die Kommunikation mit Moskau ab. Die Flotte war sich selbst überlassen. US-Aufklärer orteten *B-59*, worauf es auf Tauchstation ging und dort sechs Stunden verharrte. Die Batterien gingen zur Neige. Im U-Boot herrschte ein Gestank von Diesel und Batteriesäure und eine Hitze von über 60 Grad. Die Luft wurde knapp. Die Amerikaner warfen Übungswasserbomben – ein Signal zum sofortigen Auftauchen. Aber die Boots-Kommandanten wähnten sich unter Beschuss und beschlossen, die *Spezialwaffe* scharf zu machen. Dazu bedurfte es der Zustimmung von je drei Offizieren. Wassili Archipow lehnte den Einsatz der Nuklearwaffe als einziger ab und machte vehement von seinem Vetorecht als Flottenkommandant Gebrauch. So tauchte *B-59* schließlich auf und verhinderte einen Weltenbrand.

Als die U-Boote den Heimathafen in der Nähe von Murmansk erreichten, wurden die Offiziere als Feiglinge geächtet und durften einen Tag lang nicht von Bord gehen.

»Gewiss, er war ein großer Held«, sagt Elena über ihren Vater. »Aber da war er nie für mich.«

Sefa und das Wünschen

In alter Zeit, da Wünsche noch Wirklichkeit wurden, lebte in der Stadt Fès ein Soldat, der in der Schlacht um Alcácer-Quibir gegen den portugiesischen König sein rechtes Bein verloren hatte. Obwohl sich Sefa todesmutig vor seinen Sultan geworfen hatte, als eine Kanonade das Zeltlager zerstörte, wurde er nicht belobigt oder gar in den Adelsstand erhoben. Man vergaß ihn einfach.

»Warum streitest du nicht um deine Ehre?«, schalt Sefas Frau. »Anstatt täglich um Almosen zu betteln, solltest du an den Hof gehen und von deiner Ruhmestat berichten. Der Scheffel ist leer. Deine Kinder hungern.«

Wenn Sefas Frau wehklagte, pflegte er nur stumm zu nicken und ohne Widerworte davonzuhumpeln. Freilich quälte ihn das Grummeln der hungrigen Mägen seiner Kleinen sehr. Aber wer sollte ihm glauben? Er hatte nichts in der Hand, was die Heldentat hätte beweisen können. Außerdem war der Sultan schon lange gestorben. Also begab sich Sefa in den Suq und hoffte auf eine Zechine, wenigstens auf einen oder zwei Scherf.

Ein Rumor erfüllte plötzlich die überdachten Gewölbe. »Du Dieb, du Lump!«, hallte es durch die Gänge. Ein junger Mann mit einem Korb voller Flaschen stolperte just über Sefas Krücken, raffte sich aber blitzschnell auf und entwich ohne die Beute. Fluchend sammelte der bestohlene Händler die noch heil gebliebenen Flaschen auf, sah die Krücken und schlussfolgerte, dass der Versehrte dem Langfinger ein Bein gestellt haben musste.

»Allahu Akbar!«, dankte der Händler, schenkte Sefa ein birnenförmiges Glasgefäß und entschwand.

Sefa betrachtete das Behältnis und sah, dass es zwar verschlossen war, aber leer. Auf einmal vernahm er ein Raunen.

»Wenn du mich öffnest, ist dir ein Wunsch gegeben.«

»Ich muss darüber nachdenken«, antwortete Sefa ohne zu erschrecken und steckte die Phiole in den Hemdsärmel.

Nach vier Wochen kramte er das Gefäß hinter einem losen Lehmziegel hervor, wo er es verborgen hatte, und sprach: »Ich wünsche, dass du der Menschen Sehnsüchte nie wieder durch Zauberkunst erfüllst.«

Und so kam es, dass Wünsche nicht mehr in Erfüllung gehen.

109P/Swift-Tuttle

Der Mann mit Hut liebte die Nächte. Da er alleinstehend war, konnte er in ihnen tun und lassen, was er wollte. Selten, dass ihm eine am anderen Morgen Vorhaltungen gemacht hätte. Ganz besonders angetan war er von den Augustnächten, den frühmorgendlichen Stunden der Perseidenschwärme. Dann wanderte er zu der kleinen Anhöhe über der Stadt, setzte sich auf die Aussichtsbank, nahm den Hut vom Kopf und blickte zum Himmel. Nie sah er den Meteorstrom, höchstens das kurze Aufglimmen eines Satelliten, weil das Streulicht der Stadt zu hell war. Aber er wusste, dass sich hoch über seinem Haupt etwas Einzigartiges vollzog, und das erfüllte ihn mit Begeisterung. In solchen Augenblicken hätte er jeden umarmen mögen, der ihm begegnet wäre.

Leider regierten die Jahre der Angst. Und weil sich die neue, gute Zeit, von welcher der Präsident aus dem Land der blauen Berge und der grünen Seen gesprochen hatte, Zeit ließ anzubrechen, begegnete unserem Mann keine Menschenseele. Das leuchtete ihm ein. Was weiß ein Mann mit Hut von der Angst?, sinnierte er. Dürfen nur die darüber reden, die sich darin auskennen. Und er nickte mit dem Kopf.

Auf einmal erlosch unten in der Stadt die gesamte Straßenbeleuchtung. Am plötzlich schwarzen, dann immer mehr aufklarenden Firmament zuckte ein Blitz auf, dahinter eine grünliche Leuchtspur. Dann noch eine Sternschnuppe mit bläulichem Schweif, und wieder eine, fast so hell wie die Venus.

»Wie ist diese Welt schön!«, rief der Mann mit Hut entzückt aus und bekam Herzklopfen vor Freude. »Ich kann es drehen und wenden wie ich will. Der Mensch ist gut. Er bleibt ein schutzloses Neugeborenes. Und so geht er wieder. Das Gute ist das Tiefe im Bösen. Das ist sein Problem. Der Mensch ist gut.«

Beschwingt machte er sich auf den Heimweg, stieg in den Linienbus und begrüßte den Fahrer mit den Worten: »Guten Morgen! Ist diese Welt nicht schön?«

»Wie können Sie so etwas noch laut sagen?«, empörte sich der Fahrer. »Haben Sie gar keine Angst?«

Unverdrossen kehrte der Mann mit Hut in seine Wohnung zurück und hängte den Hut an den Kleiderhaken.

Die Sterntaler 2.0

Es war einmal ein Mädchen, dem es an nichts mangelte. Das schlief in einem goldenen Bett, trug jeden Tag ein neues Gewand, dazu ein funkelndes Paar unbenutzter Schuhe, spielte nie zweimal mit einer Puppe, aß von einem so üppigen Tisch, dass ein Dutzend Kinder davon hätten satt werden mögen. Weil es des Lebens überdrüssig war, verwandelte es sich in ein armes Kind, zog sich aus bis auf die Haut und lief in die finstere Nacht hinaus.

Da sah es einen Bettler unter einem Torbogen liegen, rüttelte heftig an seiner Schulter und sagte: »Mich friert an meinem Leib. Gib mir etwas, womit ich mich wärmen kann.«

Der Bettler erwachte, erschrak und schenkte dem Mädchen seinen durchgescheuerten Überrock.

»Das vergess ich dir nie!«, bedankte es sich, stolperte davon, weil ihm doch der Rock viel zu lang war.

Es traf auf einen Grenadier, der Wache beim nördlichen Palasttor schob. »Mir sind die Füße starr vor Kälte. Gib mir deine Stiefel, damit meine Zehen nicht taub werden.«

Der Grenadier hatte Erbarmen mit dem zerlumpten Ding, zog die Stiefel aus und reichte sie dar.

»Was bist du für ein guter Mensch!«, entzückte sich das Mädchen und patschte davon, weil ihm die Stiefel doch viel zu groß waren.

Vor einem Bäckersladen sah es zwei Jungen, die eine Scheibe einschlugen, Brot und Lebkuchen in ihre Taschen steckten. »Die Ohren sind mir so erfroren. Habt ihr etwas, womit ich meinen Kopf wärmen kann?«

Die verdutzten Diebe gaben dem Mädchen nicht nur eine Mütze, sondern auch Handschuhe, die Lebkuchen und den Brotlaib dazu.

»Lange sollt ihr leben!«, rief es den davoneilenden Schatten hinterher, die sogleich in der Dunkelheit zerflossen.

Nachdem es solcherart die Ärmsten der Armen dahin gebracht hatte, das Nichts, das sie besaßen, auch noch hinzugeben, machte es sich zufrieden auf den Heimweg. Da rissen die Wolken auseinander. Ein betörender Sternenhimmel spannte sich über das Haupt des Kindes. Die Sterne begannen zu tanzen und regneten als lauter goldene Taler herab. Aber das Prasseln nahm kein Ende, und so wurde zuletzt das Mädchen von den Talern erdrückt.

Die neunundneunzigste Anmaßung

Ich hob meine Arme, beugte mich über den Abgrund, fiel und war getragen.

Tief über die wachsgelben Wiesen des zweiten Schnitts. Von fern die gedrungenen Höfe in blaugrauer Flimmerhitze. Eine halbe Drehung und bäuchlings entlang gezetteter Heumahden, vorbei an Heinzen und Schrägzäunen. Den Rücken daumenbreit über milchtriefenden Stängeln und eingeebneten Maulwurfshügeln, über dem Staub der Karrenwege. Weiter über Teppiche herb duftenden Quendels und hügelige Grasmatten aus verblühtem Löwenzahn. Durch einen Vorhang ungezählter Blütenhüllen, vom Wind emporgejubelt. Mit angewinkelten Beinen rücklings die von der Sonne geschwärzten Hoffronten hoch, das Haupt im Nacken. Langsam, noch langsamer. Innehaltend an geöffneten Fenstern.

Die Anderwelt. Das Lachen, das Flennen. Der Geruch von Käseschmiere, die Fäulnis des Todes.

Weiter über glutheiße Dächer aus gespaltenen Granitplatten. Pfeilschnell an der grob behauenen Wand des plumpen Kirchturms hoch, in Überschlägen zu Boden und im letzten Augenblick Staub aufwirbelnd zum Talschluss. Bergauf, dem stürmenden Wasser der weißen Emmer entgegen. Über wild duftende Böschungen aus Johanniskraut und Blutwurz. Durch Schluchten rundgeschliffenen Gesteins, das Gesicht und die gespreizten Finger in der kalten Zerstäubung. In Kiefern- und Lärchenhainen über die Wipfel vergreister Tannen. Hinabtauchend auf den Waldboden. In Seitwärtsrollen an Baumstämmen vorbei, die Fingerspitzen über dem bemoosten Wurzelgeflecht des mit Nadeln übersäten Erdreichs. Hinauf, senkrecht emporschießend, dorthin, wo die Waldgrenze ist. Nur Heide und Krummholz. Und die glatten, türkisgrünen Gletscherseen des Altferners. Reglos über dem glatten Wasser, darauf sich der Wolkenlauf spiegelt. Eis schwillt an. Ströme in alle Richtungen. Ein Schieben und Bersten, ein Brechen und Pressen. Der Gletscher kalbt. Noch höher. Hinein in Granitwüsten, an Steilkämmen vorbei. Lotrecht auf dem Kopf stehend.

Dieses brennende Verlangen. Nicht länger im Finsteren wohnen, ohne Farbe und Duft und Zeit und Wirkung. Macht haben. Sterblich sein. Berühren.

Das Gefühl ist ein Kind aus Deutschland

Vielleicht, dass wir den hellsten Stern nicht erreichen, aber greifen werden wir nach ihm. Gib mir die Hand, deine Hand. Gib sie mir. Die Hand. Deine Hand. Jetzt. Die Hand.

Sechsundzwanzig.

Neugeborene, dichtet Hafis, haben für einen Atemzug das Antlitz ihrer Vergreisung. Wie gern sehe ich dein Gesicht, da du schläfst. Als wäre Morgenrot und Vergebung. Gib mir von deiner Müdigkeit, wiege mich in das Verstummen. Junge. Ältester. Nimm meine Hand, meine Hand. Nimm sie. Die Hand. Meine Hand. Jetzt. Die Hand.

Leiser geht mein Name, mein Reich vergeht. Erspare mir die Irrwege nicht und erlöse mich nicht von deiner Straße. Die Hand. Gib mir deine Hand. Gib mir die Hand. Die Hand. Gib sie mir. Jetzt. Die Hand.

Siebzehn.

Da meine Haut dünner wird, werde ich allmählich jünger. Alles Ungefähre duldet mein Verstand. Seltsam, weshalb du mir nah bist, wenn wir einander das Fremdeste sind. Es lässt sich leben ohne Pointe. Es lässt sich leben, hoffnungslos sich selbst zu sein. Hier meine Hand. Nimm meine Hand. Meine Hand. Nimm meine Hand. Die Hand. Nimm sie. Jetzt. Die Hand.

Keiner soll dir weissagen. Du wirst dich nicht erklären. Alkor, dein Stern. Verteidiger des Hoffnungslosen. Denen der Schmerz den Tag frisst, gibst du noch größere Verzweiflung. Nichts, sagst du, wird besser. Das Gefühl ist ein Kind aus Deutschland.

Vierzehn.

Nimm meine Hand. Meine Hand. Die Hand. Nimm die Hand. Meine Hand. Meine Hand. Nimm meine Hand. Jetzt. Die Hand.

Ungeheuerliches habe ich gesehen, als ich die Meinung verlor. Mein Sollen, Müssen und Verlangen. Die Herzwetter der Angst. Die Felder der Ohnmacht. Die Brände meiner Gedanken in Feuerschneisen dir nach. Dort warst du nicht. Nur wieder ich. Jetzt, da es Abend wird, sind wir müde vom Verstehen. Die Nacht greift in die Dächer. Ich schmiege meinen Schatten an deine Wange. Ausruhen will ich in dir. Du wirst mich nicht zudecken, mich nicht trösten, nicht über mir wachen. Alle Unworte bist du.

Gib mir deine Hand. Gib mir die Hand. Gib mir deine Hand. Gib sie mir. Die Hand. Gib mir die Hand. Die Hand. Jetzt. Deine Hand.

Beschluss

An einem farblosen Nachmittag spürte der Schriftsteller André de Krakan, dass es mit ihm zu Ende ging. Er hatte in den längst auserzählten Himmel geblickt und einen Eichelhäher »Krah-krah!« rufen gehört. Weil Krähen in Paris bekanntermaßen französisch krächzen, meinte der Dichter deutlich seinen Namen gehört zu haben. Er, der sein Lebtag über die Vergeblichkeit gedichtet hatte, wurde metaphysisch. Erklären konnte er sich diese Anwandlung nicht. Es blieb die Gewissheit, dass es mit ihm aus war.

Die Wochen, die ihm noch blieben, verwandte de Krakan darauf, den Nachlass zu regeln. Den Vorlass hatten sämtliche Literaturinstitute des Landes (ja lebt der noch?) schon Jahrzehnte zuvor ausgeschlagen. Wegen unverschämter Forderungen und weil Gedichte über das Vergebliche aus der Mode gekommen waren, worauf der gekränkte Schriftsteller das Offizierskreuz der Ehrenlegion aus dem Fenster geworfen, es nach tagelanger Suche einem Penner im Quartier, an dessen speckigem Sakko es blitzte (ist jetzt nicht wahr!) für fünf Euro abgekauft hatte.

De Krakan war Vater dreier Söhne, jetzt alte Männer wie er. Dem Jüngsten übereignete er die Louis-quinze-Möbel und den Briefwechsel mit Claudia Cardinale, der mit dem Versprechen endete, einander bald kennenzulernen. Dem Mittleren die Wohnung, dem Ältesten, den er liebte, Buchrechte, Manuskripte und Bibliothek.

Dann starb er. Allein. Das heißt, eine Pflegerin aus dem Baltikum wachte whatsappend am Totenbett. »Er Decke anschauen und ›Uh!‹ sagen. Dann Maus wie tot.« Das

Feuilleton würdigte ihn als in seiner Zeit fahrlässig überschätzten Dichter.

Unter den Söhnen entbrannte Streit der Übervorteilten. Anwälte murmelten in Diktiergeräte. Der Lieblingssohn karrte des Vaters Œuvre zum Altpapier. Da entglitt ihm das aus dem Leim gegangene *Buch der Nichtigkeiten*, die Aperçu-Sammlung de Krakans, die einst Sartre und de Beauvoir gleichzeitig hatten »Nett!« ausrufen lassen. Der Sohn hob eine lose, vergilbte Seite auf und begann zu lesen. Er blinzelte in den zu Ende erzählten Himmel und murmelte: »Das bringt keinen Centime.«

Inhalt